国家社会科学基金教育学一般项目"基于教学切片的课程诊断程
与原理探究"（BHA180118）成果

课堂教学切片诊断
与教师专业成长

魏宏聚　◎著

科学出版社

北　京

内 容 简 介

课堂教学切片诊断是原创的、本土的课堂教学分析方法，是适切中小学校开展校本教研的理想"听评课"方法。课堂教学切片诊断是借助"教学切片"，通过教师教学行为视频分析，从"如何教"的角度提取支配教学行为发生的经验，生成实践性教学设计原理，这一过程本质上为中小学教师的教学经验概念化。生成的教学设计原理又回到实践中，用以指引、优化教师的教学行为，也可以实施基于标准的听评课。课堂教学切片诊断校本实施就是以学科为单位在教学活动中寻找、截取教学切片，并制作、展示切片分析报告，即让一线教师以自己或同伴课例中的教学切片为载体，面向学科组老师讲述一个教学设计的原理的过程。

本书从多角度介绍了课堂教学切片诊断是什么及它的操作原理，介绍了课堂教学切片诊断如何有助于提升教师的教学技能及培养研究型教师，特别适合中小学教师研读，也可以作为师范生的教材，同时还适合专业的教学研究者阅读。

图书在版编目（CIP）数据

课堂教学切片诊断与教师专业成长 / 魏宏聚著. —北京：科学出版社，2024.1
ISBN 978-7-03-078032-4

Ⅰ.①课⋯　Ⅱ.①魏⋯　Ⅲ.①中小学－课堂教学－教学研究　Ⅳ.①G632.42

中国国家版本馆CIP数据核字（2024）第037217号

责任编辑：崔文燕 / 责任校对：郑金红
责任印制：赵　博 / 封面设计：润一文化

科 学 出 版 社 出版
北京东黄城根北街16号
邮政编码：100717
www.sciencep.com

三河市春园印刷有限公司印刷
科学出版社发行　各地新华书店经销

*

2024年1月第 一 版　　开本：720×1000　1/16
2025年2月第二次印刷　印张：13 1/4
字数：246 000
定价：99.00 元
（如有印装质量问题，我社负责调换）

前言
FOREWORD

  课堂教学切片诊断为原创的课堂教学分析方法，它规避了传统课堂教学分析方法的弊端，易学、易操作，适切中小学教师采纳实施校本教研。

  课堂教学切片诊断是研究者深入中小学校园十余年的研究成果。很多人好奇这个概念是被怎么想出来的。其实，它不是想出来的，而是基于十余年研究实践"做"出来的。2009年，我开始走进中小学校园，走进课堂，走进校本教研现场，从如何让老师"教好"的视角，发现问题，解决问题，并将"解决问题的办法"上升为理论；带着"学术"的眼光，发现实践中的智慧，归纳总结，并将其上升为理论。久而久之，水到渠成，"课堂教学切片诊断"这一术语、这一理论体系就自然而然地呈现了。我用了一个术语概括这种研究方式——"浸入式研究"。新基础教育学派有一个类似的术语——"贴地式研究"，清华大学一位学者用了另一个术语——"驻校教育研究"。无论研究者用何术语，其实表达的是一个意思，就是长期开展自下而上的研究，开展实践取向的研究，是基于实践、服务于实践的研究。它不同于自上而下的学术取向的研究，学术取向的研究以理论成果的产出为追求，实践取向的研究以服务于实践而进行研究。这种自下而上的研究模式为教育研究带来新气象，更为基础教育的发展带来新气象。2009年以来，切片诊断理论已使成千上万的中小学教师受益，研究团队每年受邀讲座百余场，研究基地遍布省内外，这就是课堂教学切片诊断为基础教育发展带来的新气象。

优秀的教学经验即教学智慧，它是实践者的智慧结晶，理应得到尊重、重视与利用。课堂教学切片诊断方法本质上就是对一线教师教学智慧的尊重与利用。尊重与利用教学经验的前提是显性化、提取教学经验。探索者巧妙地选取了教学录像片断——教学切片作为教学经验的载体，教学切片使得教学经验能够被"看见"。借助教学切片，以归纳法提取教学经验，赋予其理性，实现对教学经验的概念化，生成实践性教学理论，这便是课堂教学切片诊断的本质。

本书重点在于描述切片诊断如何校本化实施及其促进教师专业发展的原理。要掌握通过切片分析生成的实践性教学理论，就必须"做中学"。"做中学"的路径就是"校本教研"，让一线教师在开展校本教研时，在教学活动中寻找典型教学切片，按照归纳或验证的思路，描述切片所体现的教学设计原理，这便是切片分析报告。切片分析报告就是切片诊断理论在中小学校校本实施的重要抓手与载体，通过它，可以实现教师专业发展、实现有效教学、实现研究型教师的培养，同时提升教研品质。附录中的切片分析报告是一线教师制作的教学设计原理分析报告，它是课堂教学切片诊断的显性化成果。综上便是课堂教学切片诊断的校本实施价值及促进中小学教师专业成长的原理。

魏宏聚
2023 年 12 月 2 日

目　录
CONTENTS

前言

第一章　课堂教学诊断的历史、取向与现状 ··· 1
　　第一节　课堂教学诊断的历史 ··· 3
　　第二节　课堂教学诊断的三种取向 ··· 7
　　第三节　中小学传统课堂教学诊断的局限性与应遵循的逻辑 ············ 18
　　第四节　中小学课堂教学研究范式与适切性判断 ···························· 30

第二章　教学技能概述 ·· 45
　　第一节　教学技能的内涵、属性与分类原则 ··································· 47
　　第二节　中小学课堂核心教学技能主题 ·· 54
　　第三节　历史上关于教学技能认识的局限性 ··································· 59
　　第四节　教学技能的知识构成及提升策略 ······································· 61

第三章　课堂教学切片诊断概述 ·· 71
　　第一节　课堂教学切片诊断开发的背景与阶段 ································ 73
　　第二节　课堂教学切片诊断的内涵与程序 ······································· 79
　　第三节　课堂教学切片诊断的校本价值 ·· 91

第四章　多元视角下的课堂教学切片诊断 …… 95

第一节　影像传声视角下的课堂教学切片诊断 …… 97
第二节　教学经验属性认识及其载体：教学切片 …… 104
第三节　教学经验概念化视角下的课堂教学切片诊断 …… 116

第五章　课堂教学切片诊断促进教师专业成长的原理：提升教学技能 …… 135

第一节　课堂教学切片诊断的视角：教师的教 …… 137
第二节　切片式培训：实现教师的专业发展 …… 140
第三节　课堂教学切片诊断促进教学技能提升的原理 …… 143
第四节　课例研究的两种思维模式：归纳思维与印证思维 …… 149

第六章　课堂教学切片诊断促进教师专业成长的原理：培养研究型教师 …… 161

第一节　课堂教学切片诊断校本教研的目标之一：培养研究型教师 …… 163
第二节　通过制作与展示切片分析报告培养研究型教师 …… 165
第三节　课堂教学切片诊断具有较强的校本教研属性 …… 168

第七章　中小学教师制作的课堂教学切片诊断案例 …… 171

案例一　语文主问题教学设计切片诊断报告 …… 173
案例二　教学目标的预设与叙写切片分析：以初中道德与法治"服务社会"一课为例 …… 176
案例三　教学结构与线索的设计规律：以初中英语阅读课为例 …… 183
案例四　英语阅读课教学重难点的确定与处理 …… 189
案例五　课堂生成巧处理　教师智慧润课堂：教学生成事件处理策略分析报告 …… 193
案例六　浅谈小学语文教学中拓展训练的有效策略 …… 197
案例七　语文课堂教学中解词的艺术切片诊断 …… 202

第一章

课堂教学诊断的历史、取向与现状

第一节　课堂教学诊断的历史

"课堂教学诊断",亦称"课堂观察""听评课""教学研究"等,它一般指在中小学校开展的常态化课堂教学研究活动,是中小学校日常教研活动的一种重要形式。许多学校开展了新教师汇报课,以及骨干教师示范课、研讨课、观摩课等多种多样的听评课活动。通过听评课活动,能够了解任课教师课堂教学的基本情况,发现优良做法,诊断其中存在的问题,以达到改进课堂教学、提高教学质量的目的。当然,课堂教学诊断还有一种类型,就是学术领域开展的专业的教学研究(中小学的课堂教学诊断虽说也属于教学研究范畴,但由于缺乏研究方法与操作要求,其研究性不足,这里区别论述),比如专业的教育学研究者对课堂教学活动的研究。本书中的课堂教学诊断包含这两类诊断活动。

课堂教学诊断本质上是对课堂教学行为的研究,它包括对教的行为与学的行为的研究,属于教育研究的范畴。课堂教学诊断是指借助课堂观察的内容进行研究,课堂观察内容是课堂行为研究的材料,不同研究者由于研究目的的不同,其研究的着眼点也有所差异。课堂教学诊断常用的观察工具是量表、录像、纸笔记录等。

一、课堂教学诊断在西方国家

在西方国家,课堂观察[①]是随着社会科学研究方法科学主义与人文主义的潮

---

① 课堂教学诊断有时也被称为课堂观察,本书统一理解为课堂教学诊断,本节是为了与引用文献统一,称之为课堂观察。

流和趋势而不断地发展、变化。"课堂观察方法沿着科学化的轨道,从单一走向多样、从定量到定性再到定量和定性的结合,不断地深入发展。"①观察,作为人类认识世界万物的一种手段,普遍存在于人类社会。但观察作为一种普遍使用的经验主义方法引入教育研究领域是20世纪二三十年代的事情,心理学、社会学和人类学的研究者开始采用观察的方法,特别是使用观察量表,研究特定的群体。

课堂观察是在二战后西方的科学实证主义盛行中发展起来的,发展于20世纪五六十年代,早期以实证主义为主。"1949年,韦瑟尔(Withall)开发出了7类师生话语交互分析系统,该系统主要由7个类目组成:3个学习者中心类目、3个教师中心类目和1个中立类目。"②"1950年,哈佛大学的社会心理学家贝尔思提出'互动过程分析'理论,开发出了包含12类人际互动行为编码的'交互过程分析'系统,是比较系统的课堂量化研究,从此开启了课堂量化研究的大门。"③美国课堂研究专家弗兰德斯(Flanders)于1960年提出师生言语互动分析系统,标志着西方国家课堂观察方法的成熟,意味着现代意义的课堂观察的开始。④随着研究手段的不断丰富与完善,"编码表、项目清单等科学、量化研究工具的引入,录音机、录像机等媒体技术的发展,丰富了课堂观察手段与技术,使课堂观察更具有可操作性"⑤。但是,基于实证的量化研究在面对具有艺术性特征的课堂教学时,无法掩饰其纯技术的缺陷。

20世纪70年代,人本主义和结构主义哲学思潮兴盛,"其中人本主义方法论重视了人类行为的丰富意义和社会价值观体系中的非经济成分,而结构主义更是强调了要从深层次的结构和秩序中理解和解释现实"⑥。伴随着对科学主义的批判及人本主义的兴起,传统的课堂观察方法在西方国家逐渐多元化与融合化。最先呈现的是课堂观察定性研究方法的兴起,比如人种志的课堂观察方

---

① 陈瑶. 课堂观察方法之研究[D]. 华东师范大学硕士学位论文, 2000.
② 张薇薇, 王雪齐. 国内外课堂观察研究的文献综述[J]. 西藏科技, 2018 (5): 37-39.
③ 张薇薇, 王雪齐. 国内外课堂观察研究的文献综述[J]. 西藏科技, 2018 (5): 37-39.
④ 黄江燕, 李家鹏, 乔刘伟. 课堂观察研究的文献综述[J]. 长江师范学院学报, 2012 (12): 130-134.
⑤ 黄江燕, 李家鹏, 乔刘伟. 课堂观察研究的文献综述[J]. 长江师范学院学报, 2012 (12): 130-134.
⑥ 黄江燕, 李家鹏, 乔刘伟. 课堂观察研究的文献综述[J]. 长江师范学院学报, 2012 (12): 130-134.

法。定性研究的文字描述更能呈现课堂教学的全貌，使原本被剥离出来的课堂事件、课堂行为回归到情境中，从而使研究者利用个人经验更好地理解和诠释课堂。

随着时代的发展，课堂观察方法出现了两种明显的趋势：一是教育技术助力课堂观察方法，计算机技术使数据处理更加便捷；二是定量诊断与定性诊断融合，定量诊断与定性诊断各有优势与不足，二者相互结合、相互补充已经成为课堂观察的主流趋势。

二、课堂教学诊断在中国

课堂教学诊断在我国何时开始已无从考究，应该说课堂教学诊断从班级授课制诞生起就一直存在。在中国知网上，笔者查到最早的一篇关于课堂观察的文献是1958年9月发表于《生物学通报》上的《如何运用观察提纲和记录方式进行课堂观察教学》。早期的课堂观察与一般意义上对事物的观察没有明显的区别。专业取向的课堂观察则萌芽于20世纪90年代。从字面上理解，它是实证主义思维的教学研究数据的采集活动，走的是纯技术性路线，这是把课堂观察作为教育研究方法运用，比如心理学与教育学专业学者对课堂的研究，而中小学教师很少采用该方法。课堂观察被用于教学质量的评价，这在专业的教育研究者及中小学教师群体中广泛存在，其中以中小学教师为主。

教研员应是课堂教学诊断的专业人员，我国中小学校有各自的教研制度，学科教师既是上课者又是课堂教学诊断者。"民国时期，就有优秀教师担任学校或学区之间教学研究和指导工作的制度。"[1]新中国成立后，我国建立了省、地（市）、县（区）三级教研室，其主要职能是负责本地区的教学管理、教学研究和指导工作，其中课堂教学诊断是各级教研室的主要功能之一。1990年6月印发的《国家教委关于改进和加强教学研究室工作的若干意见》，明确提出教研室应"组织多层次多形式的教学研究活动""总结、推广教学经验""指导和帮助教师开展学科课外活动"。随着国家政策的明确要求及三级教研室的建立，各中

---

[1] 陈实. 课堂教学行为研究[M]. 北京：科学出版社，2018：9.

小学校相应地开展了各种各样的教学研究活动，其中课堂教学诊断是中小学校最为常见的研究活动。

课堂教学诊断有多种分类方法，按照诊断方法来分，课堂教学诊断可被分为三类，即定量诊断、定性诊断和混合诊断。

1. 定量诊断

定量诊断在西方国家被称为"结构观察"或"系统观察"。研究者对课堂进行分解并设计观察量表，然后收集观察资料并对其编码和量化处理，以期得出科学、客观的结论，其诊断工具是量表。定量诊断的理论基础是科学主义，它强调客观、实证，即以数据说话。比较有代表性的有国际数学与科学趋势研究、学习者视角研究、言语互动分类系统等。在这些定量诊断方法中，有的以时间为单元对课堂进行分解研究，有的以课堂行为进行分解研究。"它们的共同特点是建立行为分类编码方法，运用统计方法观测属性参数的特征，探究教育特征之间的关系。"[1]

2. 定性诊断

定性诊断以人种志为研究方法，被称为"课堂志诊断"，它强调以描述的方法记录课堂教学活动，是对量化与实验研究方法很好的补充，其诊断工具是教师自己。"它主要是指研究者深入教学现象发生的'场域'——课堂之中，通过观察、访谈、参与体验、描述，提供课堂教学过程和现象的科学资料，进而研究教学活动的一种人文研究方法。"[2]采用人种志的方法研究课堂属于典型的定性诊断，它要求尽可能完整地描述研究者本人所选择的活动、情境及所观察到的课堂上发生的一件事。

在众多中小学校中还存在着一种比较普遍的课堂教学诊断方法——传统教学诊断方法，按性质判断它属于定性诊断。这种课堂教学诊断使用最为广泛，它以诊断者的经验为诊断工具，以纸笔记录为信息采集工具，诊断者可以在课后根据自己的经验和喜好自由地选择诊断点对课堂教学进行评价。

---

[1] 陈实. 课堂教学行为研究[M]. 北京：科学出版社，2018：9.
[2] 陈实. 课堂教学行为研究[M]. 北京：科学出版社，2018：18.

3. 混合诊断

混合诊断即综合运用不同的诊断方法对课堂教学进行诊断。

按照诊断价值取向或课堂教学诊断的实施者不同，课堂教学诊断可被分为三类：①专业研究者实施的教学诊断，属于学术取向的课堂教学诊断；②一线中小学教师实施的教学诊断，属于改进教学实践的实践取向的课堂教学诊断；③教育管理工作者实施的教学诊断，属于遴选诊断。

从研究方法角度来看，中小学课堂教学诊断依据所采用的方法主要分为两类：一是定性诊断；二是定量诊断。其中，定性诊断更为普遍。

本章聚焦中小学定性诊断，透视其局限性并对此进行改进。

第二节 课堂教学诊断的三种取向

关于中小学教学诊断，最常见的分类是按照诊断方法的属性，将其分为定量诊断与定性诊断。这种分类方法是从纯学术的角度进行的分类，通常不能体现中小学教学实践的逻辑，也不能满足中小学校本教研实践发展的需要。

教学诊断方法的选择与诊断实践的开展必须考虑三个要素：研究场域的特殊性、研究价值追求与研究共同体的特殊性。任何诊断都是有目的的，诊断的过程及结论应服务目的，教学诊断是为了改进教学。根据诊断的目的或价值取向不同，课堂教学诊断的价值取向可被分为三种：学术取向、甄别取向与实践取向（表1-1）。学术取向的教学诊断的目的在于进行学术研究，形成理论成果（出版、发表）；甄别取向的教学诊断的目的在于甄别教师的教学水平或课堂教学的质量，旨在选拔、评比；实践取向的教学诊断的目的在于改进教学实践，提升执教者的教学设计能力。

表1-1 课堂教学诊断的三种取向

取向	诊断价值取向	诊断主体	诊断方法	诊断场域
学术取向	以进行学术研究、形成理论成果（出版、发表）	专业的研究者	多为定量诊断	学术场域

续表

取向	诊断价值取向	诊断主体	诊断方法	诊断场域
甄别取向	以甄别教师的教学水平或课堂教学的质量为目的	教育行政管理者	定量诊断	实践场域（教育管理）
实践取向	以改进教学实践、提升执教者的教学设计能力为目的	多为中小学教师	多为定性诊断较少为定量诊断	实践场域（教学实践）

三种取向的课堂教学诊断并存于中小学教学实践中，它们各有特点，其诊断价值各不相同。从中小学教学实践逻辑来看，学术取向的教学诊断与甄别取向的教学诊断并不适合中小学开展校本研究，而实践取向的教学诊断适合中小学的教学实践。但遗憾的是，目前实践取向的教学诊断对教学实践改进的效果不明显，实践取向的教学诊断方法亟待引进。因此，本节还梳理了实践取向的教学诊断的基本逻辑，以便中小学教师更好地理解和开展课堂教学诊断。

一、学术取向的教学诊断

所谓学术取向的教学诊断，即教学诊断是单纯的学术研究，一般以自然科学实证为范式，运用实验、测量、统计等方法分析教学现象并得出诊断结论。其诊断结果侧重理论成果，以学术方式表述，以公开发表为指向，往往不考虑研究成果的实践应用或其对实践的改良问题，即不考虑成果的实践化问题。

学术取向的教学诊断采用的研究工具或研究方法多是定量诊断（定量研究）。"所谓定量研究，就是对事物量的方面的分析与研究。事物的量就是事物存在和发展的规模、程度、速度，以及构成事物的共同成分在空间上的排列等等可以用数量表示的规定性。"[1]课堂教学定量诊断是通过教学过程中教和学行为的量的分析与把握，从量上判断教学或教学行为的有效性，一般而言是借助量表进行诊断的。

对教学行为的定量诊断来自西方国家，其基本思路是：研究者先提出有效教学行为的特征假设，然后针对特征假设制定诊断量表，开展以量表为诊断工具的定量诊断。诊断量表是结构化的定级系统，通过描述、记录特定的课堂教

---

[1] 杨桦. 教育研究中的定性与定量研究的哲学思考[J]. 江西社会科学, 2001（11）：219-220.

学行为，得到量化数据或通过转换得到的数字型数据，随后再对这些数据进行统计，以分析教学的有效性。

在教学研究中，经典的定量诊断量表是弗兰德斯师生言语互动分析系统量表（表1-2）。它是"由美国学者弗兰德斯于20世纪60年代开发出来的评价系统，该系统自提出以来受到了国内外的广泛关注，在教育领域中产生了重要的影响，在当时被认为是推动教育学革命的工具之一"①。

表1-2 弗兰德斯师生言语互动分析系统量表

言行分类		编码	行为特征
教师言语	间接影响	1	接受感情
		2	表扬或鼓励学生
		3	接纳或采用学生的主张
		4	质疑发问
	直接影响	5	讲解
		6	给予指导或指令
		7	批评语或维护权威性
学生言语		8	学生应答（教师驱动）
		9	学生主动说话（学生主动）
沉默或混乱		10	无有效语言

上述量表的诊断维度设计表明，以接纳学生、学生主动参与课堂活动为好的表现，相反则是不理想的表现。在课堂观察中，观察者需要每三秒进行记录并对师生言语行为进行判断，再按照编码系统规定的内容编码，并将其作为观察记录结果。

学术取向的教学诊断多是定量诊断，也有少数定性诊断。学术取向的教学诊断具有如下特点。

1）其诊断的价值追求在于形成理论成果。这种研究的成果从研究的本质来说，其最终结果也是用来改进、指导实践的，但研究者并没有考虑其实践转化问题，因此，多数成果仅仅公开发表，限于理论成果的"形而上学"的特征，

---

① 魏宏聚，任玥姗. 教学行为有效性诊断维度——兼论弗兰德斯师生言语互动系统的局限性[J]. 河南大学学报（社会科学版），2021（4）：130-137.

很难直接用于改进实践教学。

2）只是判断"是什么"，不提供"为什么"与"怎么办"。由于它是数据表达诊断结果，因此诊断结论只是用数据"科学"地描述了教学现象，我们可以据此判断教学现象的优劣，但它不提供为何优劣，更不提供改进措施。在中小学的场域中，这样的研究成果通常难以起到指导实践的作用。

3）诊断对象是教学的局部。比如，为了研究的聚焦或专题的集中，学术取向的教学诊断只是选取教学的某一部分进行诊断，其余部分则忽略不计。比如，弗兰德斯师生言语互动分析系统量表只是诊断了师生互动，但一节完整的课堂教学不仅包括师生互动，还包括教学目标预设、教学导入设计等教学活动。教学诊断应是对中小学教师整节课的诊断，而不是部分教学活动的诊断。

4）学术取向的教学诊断的诊断者是专业的研究者，其采用的方法往往是复杂的实证统计，需要接受专业的学术训练并具有较高学术素养的研究者操作使用。中小学教师通常不具备这样的诊断素养，也没有进行专业研究的时间，因此，学术取向的教学诊断往往难以在中小学的场域实施。

总之，学术取向的教学诊断是严格意义上的科学研究，研究主体一般是专业的教育学研究者；其研究方法（如数据采集）强调"科学"；其研究结果侧重"是什么"，通常不提供"为什么"，更不提供"怎么办"；其研究价值以生产学术成果为指向，在中小学场域中缺乏生命力。这也是为何教学诊断方法众多但中小学校却很少引进。

二、甄别取向的教学诊断

甄别取向的教学诊断一般是定量诊断，以易操作的量表为诊断工具，使用者为中小学教师或教育管理者。从行政管理角度看，甄别取向的教学诊断以评价、选拔优秀课例和优秀上课者为目标。比如，每年举办的各级各类的公开课大赛、学校举办的优质课大赛皆为甄别取向的教学诊断。表1-3为某小学使用的诊断量表示例。

表 1-3 某小学使用的诊断量表

时间	2021 年 11 月 9 日		班级		一年级 11 班	
课题	10 的认识		授课教师		W 教师	
评价指标		分数				备注
		16—20	11—15	6—10	1—5	
教学目标	目标明确，具有层次性； 符合课标要求与学生实际； 兼顾知识传授与思想教育	20				
教学内容	科学性、系统性、思想性； 内容充实，取舍合理，详略得当，重难点突出，面向全体，兼顾两头，思想渗透； 突出学科内涵，符合教学规律	16				
教学过程	教学环节结构合理严谨、主次得当、紧密联系、过渡自然； 教学方法合理、灵活且生动； 尊重学生的主体地位，关注全体学生，注意调动学生的兴趣、自主实践、积极思维； 教学民主，师生和谐		15			
教学基本功	教学语言准确、规范、合理、简洁、流畅、表达力强； 教态自然、亲切、大方，仪表端庄，精神饱满； 板书设计合理，字迹工整	18				
教学效果	教学目标的实现； 学生参与接受的程度； 教学整体效率高	16				
综合评价	综合衡量本节课整体教学并评定等级	B	总分		85	

注：90—100 分为 A 级，75—89 分为 B 级，60—74 分为 C 级，60 分以下为 D 级

这类诊断把课堂教学预设为若干"好课"的维度，并赋予其不同的分值与等级，根据评委打分结果对课堂教学效果进行评价与选拔。其采用的诊断工具是自制或借鉴的量表，诊断者或组织者往往是教育管理者。甄别取向的教学定量诊断的最大问题是量表科学性的问题。甄别取向的教学诊断具有如下特征。

1. 以甄别为价值追求，不以教学实践的改进为追求

甄别取向的教学诊断在中小学实践中大量存在，以评选优质课与选拔优秀教师为目的。特别是各级教研管理部门经常开展的公开课评选皆是基于量表的诊断，用于甄别优质课。在中小学校，有的学校却以甄别取向的诊断量表进行常态化的教学诊断，这是异化了的教学诊断，因为此类诊断并不能改进教学实

践，或改进教学实践的效果有限。

2. 侧重教学预设的诊断，其诊断结果存在片面性

教学的本质是教学预设与生成的统一，换句话说，一节课的优劣不仅表现在预设方面，还表现在生成方面。量表的观测点是预设的教学表现，没有涵盖教学生成，因此，甄别取向的教学诊断量表并不能全面地诊断一节课，换句话说，其诊断结果是片面的、不科学的。

3. 甄别标准的客观性追求与主观性操作的悖论

使用量表进行教学诊断是基于科学主义思想的，以突出观察、甄别的客观。量表的观测点应有可操作性，以便于赋值、打分，但实际上，观测点往往是笼统的、概括的，其操作性不强，甄别、打分也往往基于主观判断。通常，对于一节课教学效果的评价有三个标准，分别是教学目标的实现、学生参与接受的程度、教学的整体效率。对于甄别者或诊断者来说，"教学目标的实现"这一标准是无法准确判断的。何为"教学目标的实现"？这显然基于主观判断。"学生参与接受的程度"这一标准仍是一个模糊的界定。多少学生参与算是参与接受比较理想呢？这仍然没有一个固定的标准。"教学的整体效率"更是一个模糊的标准，无法准确地量化。上述指标的评价依据甄别者或诊断者的主观判断，因此基于量表的诊断表面上的客观性掩盖不了操作的主观性。

4. 诊断工具的学术性含量较低

诊断量表的制订与修订是对学术性要求较高的工作。它强调量表具有较高的信度与效度，要进行反复实践检验才能最终确定下来。这在技术上对于中小学教师而言是不可能实现的。当前多数中小学校使用的诊断量表是自制的或借鉴同行的，由于中小学教师通常缺乏制订与修订量表的基本素养和能力，量表的甄别功能往往得不到充分、科学地发挥。

总之，单纯甄别取向的教学诊断以甄别为价值追求，偏离了"以评促教"的诊断追求。在中小学实践场域，由于甄别工具通常欠缺科学性，其诊断过程与结论的准确性、科学性还有待考量，甚至可能在一定程度上限制教师的专业发展。

三、实践取向的教学诊断

教学诊断是中小学校本教研的核心工作，也是实现有效教学及教师专业发展的重要路径。在中小学场域，理论的教学诊断应适合中小学教师掌握和实施。开展集体教研活动能有效提升教师教学设计能力，实现教学有效性与教师专业成长的诊断，即实践取向的教学诊断。实践取向的教学诊断是中小学场域理想和最优生命力的教学诊断方式。

中小学实践取向的教学诊断的特征包括：首先，诊断的价值追求是期待执教者改进教学，实现教学实践的改进；其次，诊断者在诊断教学活动时，试图指出执教者存在的不足或优秀之处，并解释为何不足或为何优秀，对于不足的教学活动，试图给出解决办法；最后，传统的教学诊断以中小学教师为诊断主体，并且常态化地开展。

中小学实践取向的教学诊断举例：某小学举办的一次实践取向的教学诊断活动[①]。这一诊断在中小学教学诊断实践中具有较强的代表性。其场景如下。

1）时间、人员：2021 年 6 月 7 日下午周一文科集体教研活动时间，全校文科教师 30 人开展听评课活动，其中邀请了两位省级小学语文名师参加。

2）诊断课程：人教版小学语文五年级课文"圆明园的毁灭"。

3）教学内容与预设的教学目标如下。

这篇精读课文是人教版小学五年级上册语文课文，描述了圆明园昔日辉煌的景观和惨遭侵略者肆意践踏而毁灭的景象，表达了作者对祖国灿烂文化的无限热情和对侵略者野蛮行径的无比仇恨，激励人们不忘国耻，增强振兴中华的责任感和使命感。

文章前后内容紧密联系，一扬一抑，一美一毁，爱恨交织，因而通过阅读，让学生了解这一屈辱的历史，激发爱国之情。

教师预设了这节课的教学目标：

①通过板书对比介绍，引发学生对圆明园毁灭的遗憾。②通过字词领读，检查预习并解决字词问题。③通过各种形式的读和资料的展示，激发学生对圆

---

① 案例采集于 2021 年开封某小学，笔者参与了这次研究活动。

明园昔日辉煌的赞美和热爱之情。

4）教学诊断现场。观课后，先由执教者简述这节课的教学设计及得失，然后由观课教师自由发言，共有多人发言，其中名师最后发言。

发言者"自由发言"，凭个人理解进行口头评价，其发言关注点不尽相同，有评价教学目标预设的，有评价教学内容处理的，还有评价导入独特的，其中多人强调了这节课导入设计优秀。其中一位名师这样点评导入设计：

"我在执教老师身上看到了一种'场'，那种场是干练与从容，是她对教学技能熟练的驾驭，是她对文本的一种熟练掌握。（这是套话与空话）

这一课的语文要素就是体会课文要表达的思想感情，从描绘圆明园建筑的热爱之情到毁灭的憎恨之情，这是一种情感的场，其实有一个点，这位老师处理得是非常精确的。（点出要评价的典型教学设计活动——导入）

教师在导入时，在板书处理上先说圆明园，告诉学生圆明园是怎样一个建筑，随后加上了毁灭，让学生想象毁灭后的情景，这就为全文情感的激发埋下伏笔，奠定了基调。这是本节课的亮点之一，为这个老师的设计点赞。"

这位名师的评课是中小学校最常见的实践取向的教学诊断。诊断者为中小学教师，这个诊断是常态化地基于教学实践改进教学实践的诊断，但其结论很难改进实践，主要有以下几个原因。

第一，诊断站位低，属于"就课评课"，无法归纳成有效的教学设计经验。"就课评课"，没有上升到教学设计的高度。其评价的是一节课的一次教学活动，而不是评价某一类教学活动，因此，无法归纳出执教者的优秀教学经验，也不能提高执教者的施教水平。比如对这节课导入的评价，只是描述了执教者对这节课导入的过程，强调导入营造的"场"为这节课全文的情感奠定了基础。评价没有上升到语文导入设计的高度，没有提出语文导入或课堂导入设计的基本要求。比如，指出导入提出的问题应指向什么？导入的选材有何要求？……这些应该是一线教师开展导入设计最关心的，如果诊断结论仅仅指出这节课导入得"好"，没有指出它好的一般原理，执教者及参与听评课活动的教师就不知以后导入设计该如何操作才是理想的。有研究者就指出，"传统听评课过多关注教师的教学行为，如教态大方、声音洪亮、有亲和力、设计新颖、课件精彩、板书处理等，听课者大多是基于'面'上的肤浅评说，却不能以某个'点'给执教者以专业性的指导"[①]。

第二，对教学设计的诊断，以评价者的经验作为诊断工具。俗话说"教学有法"，任何教学设计活动的开展都有相应的教学设计原理。因此，对教学设计活动的诊断应有专业的教学设计原理作为诊断标准，这样的诊断才是专业的、科学的。但在传统的中小学教学诊断中，其诊断工具通常是诊断者的教学经验。由于诊断者的教学设计经验质量千差万别，诊断结论也参差不齐。诊断工具的质量决定了诊断结论的质量。专业化水平高的教师，其经验专业性特征明显，其诊断结论相对准确、专业；反之亦然。总之，传统中小学教学诊断结论的随意性强，体现出较强的主观性。

综上所述，中小学普遍存在实践取向的教学诊断由于诊断工具及组织方式的不科学，很难达到改进教学实践的目的。

四、实践取向教学诊断的基本逻辑

中小学校开展的教学诊断的理论假设通常是实践取向的。但目前开展的诊断形式及诊断结果之所以达不到实践取向的教学诊断的目的，是因为不切合中小学教学诊断的实践逻辑。"教育实践的逻辑是教育实践行为的一般形式、结构或生成原则，是各种教育实践样式得以可能并共同分享或遵循的内部法则。"[②] 中小学教学诊断有其自身独特的实践逻辑，比如，中小学诊断实践的主体应是中小学教师，而不是专业的研究者；中小学教学诊断实践的最终目的是教学实践的改进，而不是形成理论成果等。中小学场域内实践取向的教学诊断逻辑至少应考虑三个要素：诊断的价值追求、诊断方法的特征与诊断结论的内容。

1. 实践取向教学诊断的价值追求：教学实践的改进

实践取向的教学诊断是实践关怀的教学诊断。根据基础教育实践的特殊

[①] 张勇. 听评课问题及其改进——从学校组织文化谈教师发展[J]. 天津师范大学学报（基础教育版），2017（1）：14-19.

[②] 石中英. 论教育实践的逻辑[J]. 教育研究，2006（1）：3-9.

性，教学实践可被分为教师专业发展实践（实践者）、课堂教学实践（实践过程）与校本研究实践（实践反思）三大类。实践取向的教学诊断就是实现上述三类教学实践改进的诊断。

实现教学实践的改进应是所有教学诊断活动的价值追求，即使是学术取向的诊断，研究者也应把最终的价值追求指向实践的改进。但由于诊断方法自身的局限性及诊断者价值追求的问题，执教者往往难以通过教学诊断真正实现教学实践的改进。对于实践取向的教学诊断，其改进实践的路径或改进的切入点是什么？这是必须结合教学本质进一步思考的问题。课堂教学实践是教师基于个体的教学设计经验而开展的教学设计活动，"教学设计"是教学实践的内核与关键，因此可以通过提升教师的教学设计能力实现教学改进。所以，实践取向的教学诊断对实践的关怀，最终应关怀的是教学实践者，应通过提升教师教学设计能力实现对教学实践的关怀。

虽然教学诊断也可能诊断学生，但学生的学习方法、方式通常由教师主导，借助优化教师的教，可以实现优化学生的学。所以，实践取向的教学诊断以教师教学行为的改进来促进整体教学效果的提升，这是理想的诊断切入点。

2. 实践取向的诊断方法具有实践关怀的特征

不是任何教学诊断方法都可以实现实践取向，实践取向的教学诊断是能满足中小学实践发展需要的教学诊断。其诊断方法应具有如下基本特征。

第一，诊断方法实践性强，能以一线教师为主体开展教学诊断。中小学教师是校本研究的主体，任何实践取向的教学诊断方法都应适合中小学教师操作，这样才能真正在中小学教学实践中扎根。从历史及现实来看，已开发的各种各样的教学诊断方法及诊断工具能真正走进中小学实践、以中小学教师为实施主体的寥寥无几。已有的诊断工具往往过于强调科学性与学术性，且操作烦琐，忽视了中小学教学实践的特殊性，比如传统的定量诊断要经过复杂的数学统计，定性诊断又要经过专业的学术训练，中小学教师通常无法达到这些要求，导致这些诊断无法成为中小学校本研究的基本诊断方法。

第二，诊断方法切合教学实践的本质，既有预设的诊断，又有生成的诊断。任何科学诊断的工具与方法必须符合教学的本质，其结论才能是专业的、科学的与准确的。教学是预设与生成的统一，具有实践关怀的教学诊断必须是全面的、准确的诊断，即既能诊断预设，又能诊断生成。已有的教学诊断大多为定量诊断，无法满足中小学教学实践的需要。

第三，教学诊断不是有选择的诊断，而是对一节课典型活动的全面诊断。实践取向的教学诊断应是对一节课典型活动的全面诊断，而不是选择某一主题的学术性诊断。学术取向的教学诊断是选择某一主题的诊断，它是为了研究的需要而开展的诊断，比如，经典的弗兰德斯师生言语互动分析系统只诊断师生互动，但是教学活动除了师生互动之外，还有情境导入、小组合作学习等教学活动，这些活动并未获得关注，所以它是学术取向的诊断，而不是实践取向的教学诊断。

真实的课堂教学是教师全面教学设计能力的展现，要想实现教师教学设计能力的提升，必须注重诊断的全面性。因此，诊断的全面性是为改进教学做准备的，这是中小学教学实践的需要。全面诊断并不是面面俱到的诊断，而是对典型教学活动的全面诊断。这里的"典型"包括两类：优秀教学设计活动与不足教学设计活动。典型的优秀教学设计活动代表着执教者的教学智慧，通过诊断，可以实现优秀教学智慧的普遍化；通过对典型的不足教学设计活动诊断，可以纠正执教者的教学设计偏差，实现教学的有效性。

3. 实践取向的教学诊断结论不仅告诉"是什么"，还告诉"怎么办"

传统的教学诊断只是告诉了教学效果如何，即"是什么"，但没有告诉"为什么"，更没有告诉"怎么办"，难以真正增强教学的有效性与实现教师的专业成长。教学行为的发生由教师的个人教学经验支配，可以通过归纳支配教师两类典型教学行为的经验，生成实践性教学理论，以告诉教师教学"为什么"与"怎么办"：①典型的优秀教学经验的概念化。典型的优秀教学活动是执教者教学智慧的体现，属于教师的优秀的个人教学知识，被归纳、理性化后就可以生成优秀实践性教学理论。②典型的不足教学经验的概念化。典型的不足教学活动是执教者不足的教学经验的体现，具有一定的代表性，被逆向归纳后就可以生成实践性教学理论，可让教师规避相似问题，使其教学实践逐步走向优秀。

教学经验归纳成实践性教学理论的结构是"手段-结果"式。所谓手段，是指引发教学实践的教学手段、策略或做法；所谓结果，是指由该手段、策略或做法所产生的教学效果。这两个要素也是诊断者观察教学实践活动的两个视角。在教学诊断实践中，诊断者一般先观察到教师的实践方法或策略，再观察到该方法或策略所产生的实践效果。由"手段-结果"所组成的教学经验恰恰是一线教师所需要的"怎么办"，实践性教学理论由此诞生。

综上所述，根据诊断价值追求不同，课堂教学诊断可被分为学术取向的教学诊断、甄别取向的教学诊断与实践取向的教学诊断。前两者往往无法满足中小学教学实践的需要，传统的实践取向的教学诊断并不能真正实现教学实践的改进。实践取向的教学诊断必须符合实践逻辑，中小学教学实践的逻辑有三个要素：诊断的价值追求为实践的改进、诊断方法具有实践的关怀性、诊断结论提供"是什么""为什么""怎么办"。

第三节　中小学传统课堂教学诊断的局限性与应遵循的逻辑

课堂教学诊断在中小学校被称为"听评课"或"观课"，是采用一定的诊断方法定期开展的校本研究方式之一。对于教师而言，它是一种对话、反思与研究的专业行为；对于学校而言，它又是一种监控和提高教学质量的重要管理活动。课堂教学诊断活动在中小学校被赋予很高的地位与期待，广大中小学校希望通过课堂教学诊断实现教师的专业成长，以提升校本研究质量及实现教学的有效性。但是现在的课堂教学诊断活动普遍存在形式化、非专业与低效的现象，其实际效果并不理想，严重制约着教育教学改革实践的深入推进。有研究者指出，影响课堂教学改革的重要因素之一是听评课制度的改革。从某种程度上说，习惯了的听评课制度严重制约着新课程改革的推进，制约着素质教育的落实。①还有研究者指出，传统听评课"无专业主题、无专业方案以及课堂观察的'贵族化'，导致当前听评课的整体水平仍处于'业余'状态，这是一个技术难题，更是一个文化难题"②。

传统听评课如何改进呢？从国内外的教学研究来看，教学视频研究呈现方兴未艾的趋势。比如早期最为典型的微格教学分析以及教育技术领域新兴的各种基于视频的定量诊断方法，都是借助教学视频的教学诊断，助推教师专业成长。我们是否也可以借助教学视频（录像）对传统中小学的听评课进行改进呢？结合笔者十余年基于视频的教学研究实践，本节以视频分析改革传统课堂教学诊断，希望其成为中小学教师专业学习的理想途径。

一、中小学传统的课堂教学诊断实录——"教学目标"部分

定性诊断是广泛存在于各中小学课堂的教学诊断方法，也是被质疑最多的，可被称为传统的课堂教学诊断。下面是对一个中小学传统的课堂教学定性诊断现场的记录，选取了对"教学目标"的诊断过程，借此案例思考传统听评课的特征及局限性。③

1）时间、人员：2016年5月25日下午，周一为全校文科集体教研活动时间，全体15名历史学科初高中（完全中学）教师开展听评课活动。

2）研究的课堂：高中历史课"危局新政——罗斯福新政"。

3）教学内容与预设的教学目标如下。

本课的前一课时讲述了1929—1933年资本主义经济大危机，这是罗斯福新政产生的重要历史背景，教材中指出"罗斯福新政虽是解决经济问题的急救……但它的实施，却引起了一系列政治、经济和社会变革，在美国历史上留下了深刻的印迹，对后来资本主义世界的发展也产生了深远的影响"。同时新政的措施也有现实意义，对于现在我们建设社会主义和谐社会有借鉴作用。

教师预设了如下教学目标：①通过创设情境，使学生了解罗斯福新政的背

---

① 尤炜. 听评课的现存问题和范式转型——崔允漷教授答记者问[J]. 当代教育科学，2007（24）：3-5.
② 张菊荣. 课堂观察：基于主题、证据和反思的专业化听评课[J]. 江苏教育，2019（6）：6-10, 23.
③ 案例采集于2016年河南省郑州市某完全中学历史课堂教学诊断现场。

景；②通过展示罗斯福新政的主要内容，认识其特点；③通过合作探究，理解罗斯福新政在资本主义自我调节机制形成中的作用。

4）"教学目标"定性诊断过程实录（诊断内容较多、时间较长，这里只截取了对教学目标的诊断片断）。

观课团队成员15人为历史学科初高中教师。观课后，先由执教者简述这节课的教学设计及得失，然后由观课教师自由发言，共有5人发言，观课教师凭经验口头发言，从优点与不足两个方面对执教者进行评价。教师评价的主题包括教学目标预设、小组合作、有效提问等几个方面，也有个别重复评价的。其中针对这节课教学目标的预设，有3位教师进行了评价，他们皆认为执教者的预设比较优秀并解释了目标预设的原因，其中学科组长这样点评该节课教学目标预设情况："本节课教学目标预设比较优秀，值得学习。因为目标制定具有层次性，目标表述中用了'了解''认识''理解'三个动词，所使用的行为动词具有操作性，内容具有层次性，所以本节课教学目标的制定体现出较强的操作性，值得学习。"

在这节课上，教师教学目标预设的优缺点明显。

1）优点。目标预设中运用了具有层次性的行为动词"了解、认识、理解"，使得教学目标呈现层次性。在评价中，学科组长指出了这一点。

2）缺点。目标内容不全面、不完整，缺失了重要的情感态度与价值观目标。结合这节课的教学内容"罗斯福新政"，这节课的情感态度与价值观目标是教给学生正确的历史感，即正确认识"罗斯福新政的本质，它的腐朽性、历史局限性是不容忽视的，它只是资本主义制度发展过程中的一个微调"。"罗斯福改革的历史局限性"——这一重要的目标内容没有体现在教师预设目标中，学科组长在评价时也没有指出这一目标预设"不全面"这一重大不足，而一直在强调其优点"具有层次性"。

上述评课活动在一定程度上代表了中小学传统定性诊断的明显不足：其一，传统的课堂定性诊断往往缺乏专业的标准，通常凭个人感性经验进行诊断。在上述案例中，诊断者诊断的是教学目标的预设，那么诊断者应该首先了解教学目标预设的基本标准，这样诊断结论才会准确、专业。显然，上述案例中的诊断者并不了解教学目标预设的标准，比如全面性原则，而只是抓住可操作性特征进行分析，其结论显然是不全面的。其二，不是每位教师的经验都是优秀的，因此仅仅依靠个人经验进行中小学教学定性诊断，其结论难免不够专业和准确，甚至可能误导中小学教师的专业发展。

二、中小学传统的课堂定性诊断的局限性

中小学传统的课堂教学诊断大多是定性诊断。从教育研究方法的角度来思考，具有固定模式的定性诊断才是科学的定性诊断。比如，定性诊断在研究前要进行研究设计或准备，陈向明指出，定性诊断设计一般包括研究的现象与问题、研究的目的和意义、研究情境、研究方法的选择、研究评估和检测手段。[①] 中小学传统的定性诊断虽然可以不必严格照搬上述设计要求进行，但应具备基本要素，这样才能使诊断过程与结论"科学"。

比照上述定性诊断要求，中小学传统的课堂定性诊断的局限性如下。

第一，诊断者往往缺乏必要的诊断准备。在进行教学诊断时，每位诊断者都要思考："我应该如何进入教学现场？"在理想的定性诊断中，诊断者要与执教者进行充分沟通，以便更充分地理解执教者。对教学行为进行诊断时，诊断者不仅要了解教学活动的意图及学情，进而判断教学的有效性，还要了解执教者的专业发展状态，以便准确理解其教学行为所表达的意义。但在传统的课堂教学诊断活动中，诊断者与执教者在上课前通常很少交流，诊断者在诊断前大多没有获取执教者的教学设计方案等资料，对将要观察的对象知之甚少，通常靠现场的即时判断。

第二，诊断者将不完整的经验作为评价工具。定性诊断没有专门的诊断工具，诊断者就是评价工具，且评价通常无标准，往往以诊断者个人的视角、经验评价所看到的教学活动，因此诊断者的原有经验水平是诊断质量的重要影响因素。对于拥有优秀经验的教师，其结论正确的可能性更大；对于没有优秀经验的教师，其结论可能偏颇。在没有明确评价对象的情况下，一节课究竟评价

[①] 陈向明. 质的研究方法与社会科学研究[M]. 北京：教育科学出版社，2000：76.

什么，如何评价，如果完全依据评价者的主观判断，其评价结论的主观性、随意性就强。一些教师认为，听评课是理所当然的事，甚至认为"会上课的老师自然就会听评课"。事实并非如此，在定性诊断中必须考虑诊断者的个人背景及其与执教者的关系对研究过程和结果的影响，否则诊断结论往往不科学、不专业。

第三，"纸笔记录"采集信息造成教学情境信息与意义流失。课堂教学诊断以采集的信息作为评价的重要依据，这些信息也是有效诊断的基础与前提。传统的课堂定性诊断依靠的是人工纸笔记录，由于教学活动的时间性与一过性，人工无法全面、准确地记录课堂信息，可能造成有价值信息和关键信息流失，进而影响随后诊断结论的科学性。比如，在传统听评课活动中，一般是连续观察两节课后再进行课堂教学诊断。在听完第二节课后，诊断者脑海里可能只有第二节课的印象，第一节课的信息可能部分甚至全部遗失，需要观课者借助笔记进行回忆。

第四，诊断评价无目标，属于漫谈式评价。中小学课堂教学活动存在相对固定的教学设计活动，因此其教学诊断存在相对固定的诊断话题。比如，教学目标的诊断几乎是每节课都必须诊断的主题。因为教学目标是一节课成功的基础，是一节课的起点，也是这节课终点，其预设的质量直接影响着教学的有效性，但部分课堂教学诊断并没有诊断教学目标的预设，属于无明确诊断指向的诊断。诊断主题是否全面是诊断质量的重要影响因素。明确的诊断目标指引着诊断者的观察方向与诊断内容。"我们看到了什么，常常由我们想看到什么或准备看到什么所决定。"[①]在传统的中小学课堂观察与发言中，教师观察什么、发言什么，几乎全凭诊断者个人的理解，属于无方向的漫谈式诊断。

中小学传统的课堂定性诊断的最大困境在于诊断工具、过程都缺乏专业性改造，毕竟课堂教学诊断属于科学研究活动，它应该具备基本的科学要求，比如诊断工具、诊断结论等应符合基本的科学研究要求。但目前中小学的传统课堂定性诊断通常一无专业的诊断标准，二无专业的信息采集工具，三无专业的诊断过程，过于遵循中小学校一贯的实践逻辑，导致诊断效果偏离了其基本的价值追求，不能以此促进教师的专业成长和提升教育教学质量，所以必须对其

---

① 周文叶，崔允漷. 教师应如何进行课堂观察？[J]. 中小学管理，2008（4）：18-20.

进行改革。一位中小学教师是这样评价其课堂教学诊断活动效果的："平时，我们学校也在搞听课评课活动……但那是一种自然状态下的常规举措，缺少理论的引领和规范的操作，其针对性、实效性、系统性、科学性均不强，因而也就不能从根本上改变我们的观念，改变我们课堂教学的行为方式。"[①]研究者是这样评价传统定性诊断的：传统听评课是"去专业"的，缺乏专门的听评课知识，简单化处理，总以为自己有教学经验、会上课就会诊断课。[②]如果定性诊断存在明显的"专业性"不足，最后得出的就是"无理论的建议"，无理论的建议有其自身的价值，但如果不能上升到理论的高度，其价值的推广性就有待商榷，因此应对其进行改革。

三、中小学传统的课堂定量诊断的局限性

定量诊断是课堂教学研究走向专业、科学的开始，典型代表是 20 世纪 50 年代美国社会心理学家贝尔斯（Bales）的"互动过程分析"理论，紧接着是比较著名的弗兰德斯师生言语互动分析系统的开发，它标志着现代意义课堂教学诊断的开始。我国中小学校运用的定量诊断方法是在改进传统的课堂教学诊断方法的基础上提出的。

中小学教师以自制或借鉴的量表作为课堂教学诊断工具，这些量表以设计者所理解的"好课"为基础，把"好课"的特征分解为若干观察点及细化的评价标准并对其赋分，以此诊断教学活动的优劣。这种诊断方法是对定性诊断方法的改进与补充。其最大的优势在于诊断相对客观与专业：说它客观，是因为它有诊断的明确依据或标准；说它专业，是因为它依据"好课"的标准来设计观察点，去除了诊断者的个体"经验"。目前在中小学校比较流行的是两类定量课堂教学诊断方法：传统的课堂定量诊断方法与改进型课堂定量诊断方法。无论采用何类量表的定量诊断，其诊断原理是一致的。

定量诊断最为核心的就是课堂教学诊断量表，即诊断工具。下面是一地区

---

① 郭志明. 让课堂诊断走向常态和精致[J]. 江苏教育研究（职教C版），2009（5）：17-19.
② 尤炜. 听评课的现存问题和范式转型——崔允漷教授答记者问[J]. 当代教育科学，2007（24）：3-5.

自己开发的课堂教学诊断量表（表1-4），从量表中可以看出，一节课的诊断从五个观察点展开，又进一步细化每一个观察点，并据此打分，最后根据得分判断该课堂教学是成功的或不成功的。该课堂教学量表具有可操作性。

表1-4 课堂教学诊断量表

评价指标		9—10分	7—8分	5—6分	5分以下
教学目标	目标明确、具体、适切，符合学科课程标准和学生学习实际				
教学内容	内容正确充实，符合学生认知规律，突出重点，联系实际				
	凸显学科内涵，能整合教学资源，力求恰当、有效				
教学过程	激发学生兴趣，培养其旺盛的求知欲。学生学习主动、积极、投入，敢于质疑、发表自己的看法				
	关注全体学生，重视学法指导，注重启发性和针对性。教学方法灵活、生动，注意生成资源，发挥教学机智				
	教学环境有序、互动、民主、和谐				
教学效果	落实"双基"，增强体验，身心愉悦				
教师素养	为人师表，教学基本功扎实，技术运用适当				
	学科功底厚实，知识面广，有探索新知的热情				

利用课堂教学诊断量表对课堂进行诊断，虽然比之前的传统课堂教学诊断有了一定程度的提升，但也存在其自身的局限性和困境。

1. 教学生成视角下定量诊断工具的局限性

定量诊断是基于以下理论假设展开的："研究者事先建立假设并确定具有因果关系的各种变量，然后使用某些经过检测的工具对这些变量进行测量和分析，从而验证研究者预定的假设。"[1]定量诊断是先确定诊断主题，然后再假设每一主题"好"的标准，基于"好"的标准设计诊断量表。"定量的记录方式是预先对课堂中的要素进行解构、分类，然后对在特定时间段内出现的类目中的行为进行记录。"[2]

---

[1] 陈向明. 定性研究方法评介[J]. 教育研究与实验，1996（3）：62-68.
[2] 崔允漷，沈毅，周文叶，等. 课堂观察20问答[J]. 当代教育科学，2007（24）：6-7.

具体而言，定量诊断进行了以下诊断要素预设：①诊断主题预设。定量诊断都有固定的诊断主题，换句话说，定量诊断假设的"好课"都有基本的主题。比如表1-4预设了教学目标、教学内容、教学过程、教学效果、教师素养来诊断一节课；再比如国内目前比较经典的定量诊断方法是从学生学习、教师教学、课堂性质和课程文化四个主题展开。从量表的设计者的角度出发，这些预设的主题被认为是一堂"好课"的基本标准，换句话说，具备有这些预设的条件就可以成为一节"好课"。②每一主题"好"的特征提前预设。以表1-4为例，关于有效的"教学效果"，预设了三个方面：落实"双基"，增强体验，身心愉悦。诊断者将从这三个方面出发，判断课堂"教学效果"的优与劣。

然而在实际定量诊断预设诊断主题却存在以下困境。

困境一：课堂教学诊断的主题预设与教学生成的矛盾。面对一项教学活动，诊断者究竟分析什么呢？答案只有一个，分析典型的教学活动。因为只有这些典型教学活动背后的经验、内涵与意义最有价值，也最能提升诊断团队的教学素养。广泛发生于中小学校的课堂定性诊断活动一直以典型的教学活动为诊断对象，这一诊断主题的思路是准确的。一节课究竟什么主题有特色，这是生成的，是完全无法提前预设和确定的。"人们永远无法预设一个名师的课堂会有什么样的主题值得分析，因此教学生成性的特征使得教学活动值得分析的主题是动态的，在一节课中，提问很有特色，值得分析，但是在另一节课中，提问很平淡，就不值得分析，但教师的教学过渡很有艺术性，值得分析。那究竟要分析什么主题呢？这完全需要诊断者在教学活动临时决定。"[①]总之，教学生成的特征使得预设诊断主题处于尴尬的境地，这是教学本真特征所决定的，也是定量诊断预设诊断主题的重要困境。

困境二：定量诊断判断某一活动"好"的标准与教学艺术性、生成性特征的矛盾。人们公认的是：教学既是一门科学，又是一门艺术。其中的艺术性是需要人来把握的，是贯穿教学整体的特征。"教学效果的好坏，还与教师的语言、机智、热情等素质有关，要做到'无意于法则，而合于法'，'从心所欲不

---

① 魏宏聚. 中小学课堂诊断实践的困境与选择：基于社会实践理论的视角[J]. 河南大学学报（社会科学版），2019（5）：114-120.

逾矩',这的确是一门艺术。"①定量诊断预设的关于某个教学活动"好"的诊断指标,将无法涵盖教学的艺术性特征。以提问为例,每位优秀教师提问的方式与特征不尽相同,我们如何预设诊断标准呢?按照预设的标准,一个简单问题的提问是一个低效的提问,如果结合学情来考虑,或许这个简单的提问是教师有目的地鼓励学困生的一种做法;但在另一节课上,提问问题简单或许是低效提问的一个特征。那么,这样的教学活动究竟是"好"还是"不好"呢?在这种情况下,定量诊断量表就显得无能为力,定性诊断则能够解决此类问题的诊断。一般而言,教学艺术性特征是从整节课的角度进行分析的,艺术性将贯穿整节课,而定量诊断往往把一节课分解为若干观察主题或观察点,将无法诊断教学的艺术性特征。有学者指出,如果说教学是一门艺术的话,课堂观察则是运用科学的方法解决教学艺术中的一部分问题,它善于对课堂行为的局部进行分析与诊断,而不善于对课堂事件进行整体、综合、宏观的把握。②

此外,教学的生成性同样是预设量表无能为力的,教学是预设与生成的统一,无预设则无生成,无生成,教学将失去活力。任何课堂教学活动都是在不断生成中完成教学任务的。从教师教的角度看,教师基于严密、精细化的预设才会有理想的教学生成。而生成是不能预设的,更不能预设量表进行观察、诊断,这是定量诊断的最大局限性。

2. 教学紧迫感视角下定量诊断采集信息工具的局限性

教学紧迫感指的是课堂教学实践活动有时间的限制,在特定的时间段内完成特定的教学任务。"实践是在时间中展开的,具有不可逆转性;实践在时间中展开,亦即有节奏、速度,尤其是方向,构成了它的意义。"③正是因为实践具有时间向度,因此它产生实践的基本属性之一——紧迫性。"紧迫性(urgence)——人们有理由认为它是实践的一个基本属性——是参与游戏和对该参与所含将来的关注的产物。"④教学活动是典型的在时间中展开的实践活动,它是在规定的

---

① 段昌平. 语文课堂教学操作艺术[M]. 北京:中央编译出版社,2012:1.
② 崔允漷,沈毅,周文叶,等. 课堂观察20问答[J]. 当代教育科学,2007(24):6-7.
③ 布迪厄. 实践感[M]. 蒋梓骅译. 南京:译林出版社,2003:125-128.
④ 布迪厄. 实践感[M]. 蒋梓骅译. 南京:译林出版社,2003:125-128.

时间（如 40—45 分钟）完成预设任务的实践活动。教学紧迫感对课堂教学定量诊断采集信息提出了较高的要求。

为了精准地诊断课堂教学，必须采取手段固化教学实践活动。但当前的量化诊断采集信息的手段仍是纸笔记录，它无法有效地采集全部信息，往往是观察者记下某些关键信息，其他关键信息可能流失，从而无法保证信息采集的完整性。图 1-1 是一个记录教师提问行为的观察量表截图[①]。

	1	2	3	4	5	6	7	8	9	10	其他	
整体提问	○	○	○	○	○	○	○	○	○	○	○	次数
个别提问	○	○	○	○	○	○	○	○	○	○	○	次数
属于是不是，对不对的简单问题	○	○	○	○	○	○	○	○	○	○	○	次数
与上一个问题有递进关系的追问	○	○	○	○	○	○	○	○	○	○	○	次数
给学生留有思考时间	○	○	○	○	○	○	○	○	○	○	○	次数
重视学生回答的错误	○	○	○	○	○	○	○	○	○	○	○	次数
与本次教学活动密切相关	○	○	○	○	○	○	○	○	○	○	○	次数

图 1-1　教师提问行为的观察量表截图

注：横向数字表示提问次数统计

诊断者在观察过程中遇到教师提问活动时，要积极地判断这是什么性质的提问，如"属于是不是，对不对的简单问题"的提问或"给学生留有思考时间"的提问。当诊断者在认真思考这是属于何类型提问时，执教者的教学活动仍持续发生，不会因诊断者的思考而中止。这时，诊断者有可能漏掉其他有用信息，导致诊断信息不完整，最终影响整个诊断结果的科学性与准确性。

3. 场域、惯习视角下定量诊断实践运作的困境

"场域"是布迪厄（Bourdieu）分析实践运作的核心概念之一，是实践逻辑的重要概念。场域是特殊的社会空间，布迪厄指出，"从分析的角度来看，一个

---

① 课堂观察表. https://www.wjx.cn/jq/4223290.aspx[EB/OL].（2018-06-21）[2023-08-27].

场域可以被定义为在各种位置之间存在的客观关系的一个网络，或一个构架"①。场域从本质上说就是一个社会空间、文化空间，进入场域的个体，其行动受场域规则的支配或受文化的力量的支配。"社会行动者一旦进入场域，即是获得这个场域所特有的行为和表达的特殊代码，这是他进入场域的必须交纳的入场费。"②"场域""惯习"是两个紧密相连的概念，在何种场域就具有何种惯习，处于其中的社会个体将遵循这些场域规则开展实践，久而久之，生成了惯习。

中小学课堂教学诊断这一实践活动发生于中小学校本研究的场域，它有独特的场域规则。这个规则有的是显性的，有的是隐性的，它们共同成为约束或支配诊断实践发生的惯习，具体如下。

（1）中小学教师通常不适应、不能胜任专业的研究要求

当前中小学比较流行的是采用专家开发的定量诊断量表开展诊断活动，这些量表的设计专家将一线教师当作专业研究者进行预设，比如希望一线教师自己改造、开发针对自己学科和课堂的诊断量表，这一要求已远超一线教师的研究素养；再比如，要求采用专业的数据处理软件处理定量诊断量表获取的数据，以获取诊断结果……这些操作要求对于专业的研究者而言是合适的，也是正常的；但对于一线教师而言，则超出了他们的能力范围，因为一线教师通常没有受过专业的研究训练，不具备相应的研究素养，这样的要求对于他们来说是不合适的。有学者指出，"不同的课堂具有不同的情景，普适性太强则意味着针对性的弱化，由于使用者的理论素养和实践经验的限制，往往存在着理解上的偏差、操作上的困惑、解释上的窘境，于是自主开发观察记录工具成了一种比较现实的选择"。③ 这一要求从定量研究的视角来看是完全正确、合理的；但放在中小学教学场域则是不可行的，因为中小学教师不能胜任。

（2）中小学教师是教学实践者，通常缺少专门的研究时间

当前，开展定量诊断需要大量的时间投入。比如每次研究活动的开展，都

---

① 转引自朱国华. 场域与实践：略论布迪厄的主要概念工具（下）[J]. 东南大学学报（哲学社会科学版），2004（2）：41-45.

② 朱国华. 场域与实践：略论布迪厄的主要概念工具（下）[J]. 东南大学学报（哲学社会科学版），2004（2）：41-45.

③ 崔允漷，沈毅，周文叶，等. 课堂观察20问答[J]. 当代教育科学，2007（24）：6-7.

要召开诊断前的会议与诊断后的研究会议；在获取相关数据后，要进行后续的数据处理；撰写观察报告时，需要专门的研究时间予以保障。有学者指出，在理想的定量诊断过程中，"观察技术的掌握、观察量表的制作、观察报告的撰写都不是仅靠教师个人一己之力能够完成的，因此合作体的交流、学习的时间需要得到保证"[①]。从中小学教育教学实际情况来看，中小学教师承担着繁重、紧张的教学任务，几乎没有专门的时间从事研究活动，时间紧张也限制了定量诊断活动在中小学实践中的推行。

（3）定量诊断对学校合作文化、研究氛围要求较高

定量诊断在中小学校顺利、有效地开展，是以良好的合作文化、优秀的研究氛围为基础的。定量诊断的许多环节需要合作团体协作开展，需要成员主动积极参与，仅靠个体是无法完成的，比如课堂观察、数据处理与研究报告的撰写等。有专家指出，"课堂观察是互惠性的，它不是行政命令，也不是规定性的任务，而是出于自愿和协商的专业学习活动，观察者和被观察者都能受益"[②]。但是具备这种合作文化与研究氛围的学校毕竟有限，具备上述认识高度的教师也是少数。因此，要以常规教研活动的方式在中小学校开展由专家设计的定量诊断还面临诸多困境。

当前在各学校使用的由专家学者所设计的定量诊断方法，本质上是基于专业研究者的视角开发的，是遵循理论的逻辑开发的诊断成果。但问题是，量表的最终使用者是一线中小学校及其教师，在当前中小学校的场域中，一线教师开展教学诊断要遵循中小学教学实践的逻辑。理论的逻辑与实践的逻辑差距还较大，导致当前诸多采用专家学者开发的量表进行的定量教学诊断在实践不久即宣告无法持续。布迪厄在《实践感》一书中举了一个贴切的例子说明不了解实践的逻辑而出现的判断失误。拉米兹（作家）把农人耕作变成了景色的虚假运动：当翻土的农夫艰难俯下身子时，上升的并不是土地；或是农夫用锹翻土，没有看到土地上升；或是土地显得在上升，但这已经不是农夫在看，而是神秘地代替了农夫眼睛的某个度假的艺术家的摄影机在看。拉米兹混淆了劳作和休

---

① 崔允漷，沈毅，周文叶，等. 课堂观察 20 问答[J]. 当代教育科学，2007（24）：6-7.
② 崔允漷，沈毅，周文叶，等. 课堂观察 20 问答[J]. 当代教育科学，2007（24）：6-7.

闲。①真实的逻辑是农夫艰难地劳作，但作家却以艺术的视角描述了这个实践形象，这是有违实践逻辑的典型例子。目前广大中小学校采用的定量诊断方法，量表的开发者或许如作家一样，以理论的逻辑开发的诊断量表无法被遵循实践逻辑的中小学校采用，理论的逻辑与实践的逻辑二者的不相融导致定量诊断方法不能在中小学校场域持续实施。"理论的谬误在于把对实践的理论看法当作与实践的实践关系，更确切地说，是把人们为解释实践而建构的模型当作实践的根由。"②

四、理想的中小学课堂教学诊断应遵循的逻辑

1）中小学开展课堂教学诊断，不仅仅是追求研究的科学性、学术性，更为重要的是以促进中小学教师专业发展及提升教学有效性为终极目的。课堂教学诊断不仅要判断教学活动优劣，而且要告诉为何优劣，如果劣，要提供改进的办法，这是由中小学校场域总体特点所决定的。

2）理论工作者在开发设计中小学课堂教学诊断方法时，除了科学的逻辑，还必须考虑实践的逻辑，考虑中小学场域的特殊性、中小学教师特殊的工作性质及研究惯习。简言之，为中小学开发的课堂教学诊断方法，要适合中小学教师操作，既要有科学性，又要简便可行。

3）中小学课堂教学诊断属于中小学场域中的科学研究，要营造积极、浓厚的科研文化，才会优化中小学教师的研究惯习，课堂教学诊断实践才会有效推进。这一要求其实就是场域理论中"惯习"的要求，中小学校以教学为核心任务，缺乏进行研究的惯习，这需要管理者营造氛围和养成惯习。

第四节 中小学课堂教学研究范式与适切性判断

在我国基础教育界，课堂教学研究也被称为听评课。一般而言，中小学校

---

① 布迪厄. 实践感[M]. 蒋梓骅译. 南京：译林出版社，2003：125-128.
② 布迪厄. 实践感[M]. 蒋梓骅译. 南京：译林出版社，2003：125-128.

每周分文理科各开展一次课堂教学研究活动，它在中小学校常规教学管理中占据重要位置。据学者不完全调查，"一般来说，我国学校规定教师（中小学）一学期的听课节数在 10—20 节之间，'最牛'的一所学校规定，每个教师一学期必须听 38 节课，并递交听课笔记以备检查"①。上述现象或可表明中小学课堂教学研究在中小学常规教学、教研活动中的"分量"。值得反思的是，由于多种因素的制约及传统教研文化的影响，中小学课堂教学研究通常缺乏"研究味"、失去专业性，其研究效果不容乐观。有研究者指出，中小学课堂教学诊断现状为"听课，无合作的任务，无明确的分工；评课，无证据的推论，基于假设的话语居多；听评课，无研究的实践，应付任务式居多"②。

中小学课堂教学研究在 20 世纪早期的国外已开始作为教育研究的一种方法在运用，到现在已形成较为完备的各种体系与方法，但在我国，课堂教学研究方法无论在理论上或在实践中，其有效性与创新性都有所欠缺。特别是新课程改革以来，"教师成为研究者"已成为广大教师的追求，那么关注中小学课堂教学研究更具有迫切性与现实意义。过去及现在虽然有诸多课堂教学研究新方法走进中小学校，一些课堂教学研究方法也曾经在较大范围推广，但其结果并不理想，效果也不尽如人意，甚至有的不了了之。那么中小学校日常开展的教学研究属于什么范式，存在哪些问题，最适合中小学的课堂教学研究范式应具有什么特征，这些是本节试图探讨的问题。

一、范式视角透视中小学课堂教学研究的适切性

"范式"的使用来自美国著名科学哲学史学者库恩（Kuhn），该术语是库恩用来解释科学革命结构的，他认为科学的发展以范式的转换为标志。"科学家如何通过自己的研究促进科学知识的增长，这些研究领域里司空见惯的事情都不是偶然发生的，而是有科学发展模式的，这种模式就是：前范式科学—常规科学—革命科学—新常规科学，表征每一阶段的核心就是'范式'，从一个阶段到

---

① 崔允漷. 论课堂观察 LICC 范式：一种专业的听评课[J]. 教育研究，2012（5）：79-83.
② 崔允漷. 论课堂观察 LICC 范式：一种专业的听评课[J]. 教育研究，2012（5）：79-83.

另一个阶段必须经历一种格式塔的转换。"①范式在库恩那里也是在多个视角下的运用，后经学者分析认为，范式就是指特定的科学共同体运用基本一致的思考方法来研究同一领域的特定问题。这一范式内涵的表述表明，任何范式都应包括以下四个核心要素：①共同信念或价值追求。这是范式和共同体共同秉承的价值理念，也是共同体开展活动的追求，它往往由活动的结果来体现或实现。②共同体，即范式运作中的"人"，是主体。共同体是科学范式形成的最基本的实体要素，它可以是有形的，也可以无形的，只要拥有共同的信念。③问题域，即范式运作的对象。问题域是研究信念的寄托和载体，亦是科学范式得以形成的保障。④方法，即范式以何手段或策略开展活动。解题方法或思考方法是共同体对话的基础，也是产生可比性的科学成就的前提条件。②

我们认识到，作为一种社会活动开展的范式不仅仅是一种单纯的活动，它是由共同信念或价值追求、共同体、问题域和方法组成的。任何一项社会活动（包括课堂教学研究活动）的每个要素必须恰当、合理地切合，该活动才能科学、有效地开展。所以，中小学课堂教学研究不仅是一种研究方法在教学中的应用，还是由特殊的群体——中小学教师（有共同的研究信念或追求）开展的研究活动。如果仅仅从研究方法的视角去分析、评判它，或许我们找不到中小学课堂教学研究的真谛。作为一种特殊场域的研究活动，它有别于大学场域的专业研究活动，必须考虑研究共同体的特殊性及共同体开展研究活动的价值追求，而这二者恰恰是范式运作的核心要素。因此，采用范式理论分析中小学课堂教学研究具有较强的适切性。

比如，中小学教学研究最常见的分类是按研究方法的属性分为定量、定性和混合课堂教学研究。这种分类方法无法体现中小学课堂教学研究的特征，比如研究场域的特殊、研究价值追求的特殊性、研究共同体的特殊性等。而上述因素恰恰决定了中小学课堂教学研究的生命力，因此该分类方法中无法找到中小学课堂教学研究的本质属性。本节以范式的视角，根据中小学课堂教学研究的特殊性，依据课堂教学研究的最终结果、价值追求及研究

---

① 崔允漷. 范式与教学研究[J]. 课程·教材·教法，1996（8）：52-54.
② 崔允漷. 论课堂观察LICC范式：一种专业的听评课[J]. 教育研究，2012（5）：79-83.

指向，将课堂教学研究分为两类，即经验-解释取向的课堂教学研究和指标-诊断取向的课堂教学研究。这两类基本涵盖当前中小学课堂教学研究的运作方式。

二、经验-解释取向的课堂教学研究

经验-解释取向的课堂教学研究是指中小学教师以个体经验为评价工具，寻找、评价教学中的典型教学活动，并解释"典型"优劣教学活动原因的课堂教学研究活动。这是当前中小学广泛采用的教学研究范式，属于定性诊断。该方法的优点是简便、易行，缺点是不专业、不规范，评价标准的经验成分太多，是"用业余的思维或方法处理专业的事情"。下面是某完全中学（有初中与高中）举办的一次经验-解释取向的课堂教学研究的案例，代表了广大中小学校普遍的教学研究范式。其现场前文已有，为便于读者理解，再次陈述如下。

1）时间、人员：2020年6月22日下午周一文科教研活动时间，省小语名师四人、全校切片诊断骨干团队及全体语文老师。

2）地点：河南省开封市某小学

3）研究的课堂：人教版小学语文五年级上册"圆明园的毁灭"一课

4）课文内容：文章用反衬手法是为了通过昔日圆明园的辉煌壮观来让读者记住屈辱的历史，增强读者的民族使命感，激发热爱祖国灿烂文化的感情。

5）典型教学活动实录：

师：（先在黑板上板书课题，只板书了三个字"圆明园"，然后介绍圆明园是一座什么样的建筑）圆明园是1709年康熙皇帝传给他的儿子，也就是雍正皇帝的一座皇家园林，那同学们想一想，看到"圆明园"这三个字，借助老师刚才的讲解，你脑海里会浮现出什么样的画面？（老师提问了三位学生）

生1：非常豪华。

生2：很大。

生3：精巧建筑。

师：（此时在"圆明园"三个字后面板书了"的毁灭"，把课题补充完整，然后提问）看到这个标题，你眼前又会浮现出什么样的画面？

生4：精巧建筑变成了废墟、破败不堪。

师：是啊，1860年，一场大火把这座圆明园烧成了一片废墟。（然后进入预习检测环节，展开新课讲授）

6）经验-解释取向课堂教学研究程序与实录：

观课后，首先由执教者简述本节课的教学设计及得失，然后请参与观课的一位名师发言："执教老师对教学技能的驾驭很熟练，能够很好地把握教学文本。她关注到了这节课的单元要素——'体会要表达的思想感情'。此外，她在板书课题的处理上也精确、恰当，先告诉学生圆明园是一个什么样的建筑，随后加上毁灭之后的样子，这就为全文的情感埋下伏笔，奠定了基调。"

这是最为传统的课堂教学研究范式，几乎所有中小学校每周都会开展若干次类似的研究活动，俗称"集体教研"。以学科组为单位，开展观课、评课活动，大家自由发言，对在观课中发现的优秀或不足之处进行点评，是学校层面的教研活动，其目的在于提高教师的教学水平，实现有效教学。从范式的视角来看，上述研究活动具有如下特点。

第一，经验-解释取向的课堂研究信念指向教学有效性的改善，以及教师专业成长。研究信念是范式运作的理想与价值追求。在经验-解释取向的课堂教学研究中，研究者旨在寻找教学中执教者的典型教学活动——优秀的典型与不足的典型，并评价执教者行为背后所蕴藏的经验。对于执教者，当评价其优秀教学行为时，对其本人而言是一种正强化；当评价其不足教学行为时，对其本人而言是一种善意的提醒。总之，这样的课堂教学研究指向被评价者的专业成长及教学有效性的改善。最为重要的一点是，经验-解释取向解释的结论是一线教师长期的经验，这些经验是教师长期实践中的智慧结晶，具有强烈的实践性、可操作性，属于实践性知识。经研究者归纳、总结后，这些经验就成为具有理性的实践性知识，对参与课堂教学研究的全体成员的专业成长及教学有效性具有不可估量的价值。

第二，评价工具是教师个体经验，无科学的指标与依据。教师发言时呈现的是缺乏证据的观点，属于漫谈式、即席发挥式，发言效果与科学往往凭借个体经验。比如，这节课的典型之处是导入设计，还有小组合作学习等，但这位名师发言，着重在于评价导入设计。后面发言的教师，则着重评价其他典型之处。总之，各位发言依据自己对教学的理解，自由发挥，属于漫谈式的即席发挥。这种漫谈式的评价，其评价工具是个人教学经验，有可能是不足的经验，比如这位名师认为，这节课的优秀之处是"课题处理环节"，其实这一环节是导入设计，而非课题处理，从教学设计的角度，并不存在"课题处理环节"。

这就是经验-解释取向课堂教学研究范式的最大不足，即缺少专业、科学的评价标准，评价标准完全依赖评价者的个体经验。经验有可能是零散的，甚至有可能是错误的。客观上讲，虽然名师发现了这一教学设计比较优秀，但对这一典型活动的"定性"——"课题处理环节"是错误的。

第三，在经验-解释取向的课堂教学研究中，解释、归纳往往停留在"就课说课"的层面。教师的优秀经验通常以教师的教学设计及教学行为的方式呈现，属于教师的个体知识、实践性知识。如果通过课堂观察和评价将其上升到一般意义的高度，即由对一节课的教学设计思路上升到某一类课的教学设计层面，这样的研究结果将对教师的教学设计技能提升、教学有效性的实现具有重要的实践意义。理想的实践性知识生成路径如图1-2所示。

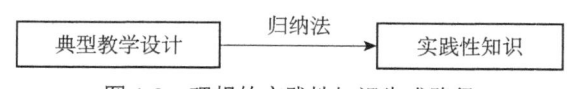

典型教学设计 —归纳法→ 实践性知识

图1-2 理想的实践性知识生成路径

以这节课名师对教师的导入分析为例，名师只是说了执教者通过对圆明园被毁之前与之后的对比比较优秀，但没有说此类活动的设计原理是什么，今后在处理同类教学设计时该如何办，没有提取蕴含于教学活动中的教学设计实践性知识，这就是典型的"就课说课"，难以实现教师教学设计能力提升与教学效果的改进。

如果通过课堂教学诊断运用上述思路，将蕴含于教学活动中的教师优秀教学经验进行归纳，生成具有操作性的实践性知识，无论对执教者或评价者，还是对参与教学评价的全体而言，都具有重要意义。这些实践性知识将促进教师的专业成长，提升其教学技能，实现教学有效性。一言以蔽之，这样的诊断操作将实现经验-解释取向的课堂教学研究范式的价值追求。

综上所述,广泛发生于中小学的经验-解释性课堂教学研究,其研究范式的要素包括:①研究的信念或价值追求——教师专业发展与教学有效性的提升。②研究主体——中小学教师。③研究工具——解释者所具有的经验、常识。④研究结果——评价随意、主观,就课评课,属于个案层面的判断优劣、解释原因,往往缺少归纳优秀经验或典型不足经验的意识与做法。

总之,在经验-解释取向的课堂教学研究中,其诊断工具是教师的个体经验,具有主观性、随意性,不具有科学性,再加上传统的经验-解释取向的诊断结果是个案层面的优、劣描述,没有上升到教学设计高度,所以试图通过这种课堂教学研究范式实现教师专业发展与教学有效性提升这一目标是比较困难的,普遍存在于中小学校的经验-解释取向的课堂教学研究范式迫切需要改变与优化。

三、指标-诊断取向的课堂教学研究

指标-诊断取向的课堂教学研究,中小学教师以自制或借鉴的量表为观课工具并收集信息,以相对固定的观察点及评价标准诊断课堂教学活动优劣并赋予分值的课堂教学研究活动。

相对于经验-解释取向的课堂教学研究,指标-诊断取向的课堂教学研究属于定量研究范畴,有相对固定的观测点及评价诊断指标。其评价结果在主观性、随意性方面有所改进,具有一定的客观性与科学性。指标-诊断取向的课堂教学研究也被中小学校普遍采用,几乎每所学校都有自制的诊断取向的观察量表,表1-5为某地区小学所采用的课堂教学研究观察诊断量表。

表1-5 某地区小学课堂教学观察诊断量表

评价指标		9—10分	7—8分	5—6分	5分以下
教学目标	目标明确、具体、适切,符合学科课程标准和学生学习实际				
教学内容	内容正确、充实,符合学生规律,突出重点,联系实际				

续表

评价指标		9—10 分	7—8 分	5—6 分	5 分以下
教学内容	凸显学科内涵，能整合教学资源，力求恰当有效				
教学过程	激发学生兴趣，培养旺盛的求知欲。学生学习主动、积极、投入，敢于质疑，发表自己的看法				
	关注全体，重视学法指导，注重启发性和针对性。教学方法灵活、生动，注意生成资源，发挥教学机智				

注：9—10 分为优，7—8 分为良，5—6 分为中，5 分以下为差，全书同。

这一观察诊断量表是典型的指标-诊断取向课堂教学研究，它以定量的手段将课堂分解为若干观测维度（观测点），每一观测点有相应的评价指标。表 1-5 的观察点分别是教学目标预设、教学内容及教学过程，每一维度设定了"好"的评价标准，并对其赋分，诊断结果是对被评价的课堂教学给予相应的分数。这种指标-诊断取向的课堂教学研究的特点及不足表现如下。

第一，观察诊断量表中的观测点与评价指标赋值缺乏科学性。

中小学校中使用的观察诊断量表大多为自己开发设计的，通常缺乏科学依据，其不足表现在以下几个方面。

1）其课堂观察维度或观测点划分过于粗糙。在表 1-5 中，"教学过程"这一纬度把整个教学活动全部涵盖，而教学过程中又包括教师的教、学生的学、师生互动等诸多要素，每一构成要素又可以进一步细化，但这些都被"教学过程"这一维度所包括，显得笼统、粗糙，观察过程中不易操作。

2）诊断指标空、虚，指标赋值不科学，诊断时主观性大于客观性。诊断工具的科学性是实证主义研究方法理想与否的关键要素。诊断指标设计的好坏，直接决定了诊断结果的科学性，其中指标的可操作性是判断指标优劣的最重要特征。若诊断指标设计得不具有操作性，那么判断、打分则具有主观性与随意性。比如上述指标中关于"教学内容处理"的诊断指标"凸显学科内涵，能整合教学资源，力求恰当有效"相对笼统，因为对于一节课的教学内容而言，仅凭现场观课很难准确判断是否"凸显学科内涵"，更无法准确判断是否"恰当有效"；再如关于"教学过程"中诊断指标"关注全体……教学方法灵活、生动"，这些指标看似具体，在面对真实的教学活动时，"何为关注全体"是较难做出准确判断的。

指标赋值是代表观察对象优、劣的重要体现，但上述指标赋值的度难以把握，不易操作。比如在第一层次 9—10 分与第二层次 7—8 分中，第一层次的 9 分与第二层次的 8 分在观课过程中如何进行区别判断与操作，几乎全凭观课者的主观判断，导致表面上做到了量化，更多的还是主观操作。总之，粗糙的测量工具可能忽略或歪曲一些有用的教学设计活动。

第二，中小学教师普遍不具备开发、设计课堂观察诊断量表的能力。

指标-诊断取向的课堂教学研究以量化研究方法为主，基于实证主义的方法论和结构主义的思想，通过结构化的、封闭的观察工具对课堂行为进行记录。这些记录工具包括编码体系、核查清单以及等级量表，需要研究者自己开发，它对观课研究者的研究素养要求较高，体现了专业性与技术性。从学术研究的角度来看，中小学教师普遍没有接受过专业的学术研究训练，不具备较强的研究意识，也不具备专业的研究方法知识与研究能力，而指标-诊断取向的课堂教学研究需要依据研究教学实践情况，开发适合本校特点的标准化的观察量表，并要求观察者对观察指标进行赋值评分，中小学教师通常无法达到这些要求。

总之，一方面，指标-诊断取向的课堂研究要求有科学的观察诊断量表；另一方面，中小学教师专业素养无法达到开发观察诊断量表的要求。这一不可调和的矛盾制约了指标-诊断取向的课堂教学研究在中小学校的有效实施，使得部分中小学所实施的指标-诊断取向的课堂教学研究，具有实证主义的"壳"，无实证主义的"质"；具有科学的"形"，无科学的"实"。

第三，指标-诊断取向的课堂教学研究的诊断追求与中小学校课堂教学研究的价值追求不适切。

指标-诊断取向的课堂教学研究的最终诊断结果是对课堂教学效果的量化评价，分为优、良、中、差四个等级，得出"优"与"劣"的评价，但没有给出"为什么"，既没有指出"优"与"劣"的原因，更没有对教学活动中所呈现的典型经验进行归纳、提升，也没有提出优化策略。这样的评价对提升教师的专业素养意义不大。美国著名教育评价学者斯皮尔伯格（Spielberg）曾说过一句精辟的话："评价的目的不是为了证明，而是为了改进。"[①]指标-诊断取向仅仅是"证明"，而没有如何"改进"，这其实是犯了评价的大忌。"比如说一位教师的（课堂教学）得 85 分，那么这个分数是怎么来的？它说明什么？15 分扣在什么地方？比另一位教师高 5 分高在何处？比自己前一次的课少 3 分又少在哪里？（指标-诊断取向的课堂教学研究）并不是能说得很明白的。"[②]

在中小学场域，有两个基本命题贯穿整个学校活动的发展——教师专业发展与教学的有效性。作为在中小学重要教学研究活动的课堂教学研究，其价值追求必须与上述两个命题相切合。指标-诊断取向的课堂教学研究只给出了"是什么"，却没有给出"为什么"，这与中小学课堂教学研究的价值追求相背离。

综上所述，普遍存在于中小学的两种课堂教学研究范式存在明显不足，导致传统的中小学课堂教学研究"无合作、无证据、无研究"问题，其科学性与专业性的特征亟须增强。

四、适切中小学的研究范式的特征

从研究范式的四要素来看，适切中小学的研究范式应以具备促进范式四要素良性互动为前提，特别是能够实现范式的价值追求，即能够通过课堂教学研究，真切地促进教师专业成长与教学有效性的提高。下面以范式四要素为依据，结合中小学场域的特征，提出适切中小学校理想教学研究范式的三个基本特征。

（一）诊断结果是对教师教学活动中典型教学经验的归纳

课堂教学诊断的任务是什么？准确判断教学活动的优劣就达到目的了吗？判断教学活动的优劣显然不是中小学课堂教学的最终目的。但是普遍存在于中

[①] 转引自顾志跃. 如何评课[M]. 上海：华东师范大学出版社，2009：1.
[②] 尤炜. 听评课的现存问题和范式转型——崔允漷教授答记者问[J]. 当代教育科学，2007（24）：3-5.

小学校的两类教学诊断范式无不以判断被诊断对象的优与劣为结果或目的，这就抛弃了"实现教师的专业发展与教学有效性提升"这一中小学课堂教学研究的最终价值追求。教学诊断，从本质上说，外在的是教师的教学行为，内在的是教师的教学经验，它决定了教学行为的有效、低效或无效。总之，教学行为背后所呈现的教学经验才是教学活动中最关键的因素，它是决定教学效果的理论依据，具有极其重要的学术价值与实践价值，是中小学课堂教学诊断应关注的重点。

教师在教学实践中呈现的经验是教师知识的实践表达方式，这些经验的实践价值远大于宏大的理论叙述，它具有清晰、精确、可行和适应性特征。中小学教育研究的追求是永恒不变的，那就是促进参与研究教师的专业化发展，并增强教学的有效性。在课堂教学中，教师在教学中体现出的优秀教学设计经验，能有效提升教师教学能力、优化教学效果的。这些经验从知识的角度来看，属于实践性知识、个体知识，具有较强的实践性、情境性与个体性，是一线教师长期理论学习、实践活动后所内化和生成的实践智慧。这就需要采用归纳法对教师的教学行为发生规律进行归纳、总结与理性提升。因此，理想的教学研究范式应以归纳、提升教师的教学经验为结果，这一研究结果将极大地促进教师的专业发展与教学有效性的提升，切合中小学课堂教学研究的最终价值信念。

通过考察已有研究范式，经验-解释取向的课堂教学研究范式与指标-诊断取向的课堂教学研究范式，在实现提升教师专业素养和增强教学有效性功能方面并不理想。经验-解释取向的课堂教学研究范式解释得不科学，主观性强；指标-诊断取向的课堂教学研究范式不解释，诊断工具开发困难，其忽略教学行为发生的过程与意义，侧重赋予一定的分值，仅仅完成了中小学课堂教学研究一半的任务——"是什么"，还需给出"为什么"。简言之，传统的研究范式不具有明确的、具体的、能提升教师专业素养和增强教学有效性的功能或措施。

总之，理想的中小学课堂教学研究范式的诊断结果应落脚在教师教学行为发生的原因，即教师的教学经验。这是一个教学研究范式在中小学场域内持续开展、有生命力的核心要求。

（二）诊断主体是中小学教师及其与专业理论工作者构成的研究共同体

研究的主体是指由"谁"来进行研究，这一问题在大学场域似乎不是问题，因为研究活动由研究者承担，但放在中小学场域，课堂教学研究主体就有多种，比如由中小学教师、专业理论工作者、中小学教师与专业理论工作者所结成的研究共同体，这是由中小学教师的特殊性决定的。这里的特殊性体现在以下三个方面：一是中小学教师的核心任务是教学工作；二是中小学教师普遍没有受过专业的学术研究训练或不具备独立从事学术研究的素养；三是中小学教学研究的目的是促进教师的专业发展，不以成果的学术价值为唯一追求。

由教师来研究和改革自己的教育实践是教育改革最直接、最适切的方式。但在目前中小学教师普遍缺乏研究能力和意识的条件下，以专业理论工作者和一线教师共同合作开展科学的课堂教学研究，可能成为未来教师课堂教学研究的重要方向。专业理论工作者参与中小学课堂教学研究具有必要性。无论是解释性课堂教学研究或诊断性课堂教学研究，都需要专业理论工作者的参与，其参与的目的在于"不参与"。也就是说，当一线中小学教师掌握课堂教学研究的基本要求并能够独立开展研究时，专业理论工作者的使命就已完成。比如在解释性课堂教学研究过程中，解释的标准需要专业理论工作者协助制定，在课堂观察时解释什么，也需要专业理论工作者协助完成，因为这些工作单纯依靠一线教师是无法完成的。诊断性课堂教学研究对诊断工具——课堂观察诊断量表的要求极其严格，这些量表需要理论工作者协助开发。但遗憾的是，当前中小学的课堂教学研究大多是自发状态地开展，专业理论工作者很少参与其中，导致当前中小学的课堂教学研究呈现"去专业化"——"无论是教研组层面还是学校层面，都缺乏对听评课的深入研究和有效规范，听评课的随意性较大……听评课简单处理、任务取向、不合而作等许多问题。"[①]

基于上述特殊性，在中小学场域，具有生命力的课堂教学研究范式的研究主体是中小学教师，这样才能体现"校本"特征。其研究主体也可以是中小学教师与专业理论工作者所结成的研究共同体。专业理论工作者的参与能够提升

---

① 尤炜. 听评课的现存问题和范式转型——崔允漷教授答记者问[J]. 当代教育科学，2007（24）：3-5.

研究品质，弥补一线教师研究素养的不足，但最终仍以中小学教师为研究主体。专业理论工作者如何参与中小学课堂教学研究，以何身份参与，是更应该思考的问题，因为中小学课堂教学研究往往没有为理论工作者预留位置，这就需要恰当地结合专业理论工作者的研究智慧与一线教师的迫切需求。

（三）诊断工具兼顾科学性与实用性

课堂教学研究的质量与效果取决于研究工具的质量。经验-解释取向的课堂教学研究的工具是"人的经验"，即解释者的素养。其优点是易于被一线教师掌握运用，其不足在于主观性和随意性较强，因此，经验-解释取向的研究工具需要进一步丰富和提升。指标-诊断取向的课堂教学研究工具受实证思维的影响，其观察量表通常复杂、烦琐，不易被一线教师掌握和运用。比如为了研究的科学、充分，有的课堂教学研究要求开展研究前进行培训，课中进行观察，课后进行会议讨论。这样的操作方式在当前中小学校往往难以实现，因为中小学教师的时间不允许，观课后他们紧接着要去上课，会议讨论的时间难以得到保障。总之，当前两种范式的研究工具都存在明显不足。

笔者总结分析后认为，适切中小学的课堂教学研究工具应具备以下特征。

1）观察工具应具有科学性，符合"好课"的基本规律，应去除主观性与随意性。这一要求确保研究手段的科学性，以获取科学的信息，为有科学结果的得出做了铺垫。

2）观察工具应具有实践性、操作性，特别是一线中小学教师能方便地使用。指标-诊断取向的课堂观察诊断量表是以"好课观"为基础设计的观察指标，这里的"好课"假设来自专家的理论，有可能脱离教学实践，为了科学性，观察诊断量表越来越实证，操作越来越复杂。因此，优秀的观察工具应以一线优秀教师的"好课"经验为基础进行开发，改造指标-诊断取向的观察维度及观察指标，使其在兼顾科学性的基础上，突出实用性和操作性。

3）观察工具应具备对教学优秀经验进行归纳的功能。当前的观察工具都不具备这一功能，忽略了对优秀教学经验的研究，偏离了中小学课堂教学研究的最终追求。重视教学经验的课堂教学研究范式才是指向教师专业成长的课堂教学研究，具有较强的实践性与生命力。

  综上所述，中小学课堂教学研究是教师专业生活与专业成长的重要组成部分，也是教师专业学习的重要途径。而传统的课堂教学研究范式以考核、评价优劣为重要任务，缺乏专业的诊断工具，失去了基于证据、工具的评价，造成"用业余的思维或方法处理专业的事情""诊断与没诊断一个样"，偏离了课堂教学研究的本真目的。适切中小学的课堂教学研究范式应具有以下特征：以归纳典型教学经验为直接任务；运用科学与实用兼顾的诊断工具，以中小学教师与专业理论工作者所结成的研究共同体为研究主体，最终以中小学教师为研究主体。这是一种强调专业、合作与研究性的课堂教学诊断范式。

第二章

教学技能概述

第二篇

比较政治学说

教学技能既是教师教学力的体现，直接决定着教学的效果，也是教师专业化程度高低的体现。课堂教学切片诊断的目的在于发现课堂教学中的典型教学设计活动，提取教学经验，实现教学技能的提升。因此，本章主要阐释教学技能的相关内容。

第一节 教学技能的内涵、属性与分类原则

教学技能是由知识支配发生的，是教师在教学实践活动中体现出的一种能力与艺术。英国哲学家欧克肖特（Oakeshott）指出，"一切科学、一切艺术，一切实践活动，都需要某种技艺，实际上无论什么人类活动，都需要知识"[①]。教学技能受特殊的知识的支配而产生。这种知识由何组成？有何特殊性？只有弄清楚这两个问题，才能有效提升教师的教学技能。这两个问题本质上是理论与实践的关系问题，所探究的是心灵、知识与实践的关系问题。19 世纪英国学者赫斯特（Hirst）提出的教育学理论是一种实践理论且影响久远，其与奥康纳（O'Connor）关于教育学理论是实践理论或是科学理论的争论成为教育学发展史上的重要论辩。本书受赫斯特提出的实践之知、欧克肖特的技术之知与波兰尼（Polanyi）的个人之知的启发，分析支配教学实践之教学技能发生的知识的内涵、属性与分类原则。

一、课堂教学中的教学技能

教学是有目的地促进学生学习，以达成既定学习目标的活动。教学技能体

---

① 迈克尔·欧克肖特. 政治中的理性主义[M]. 张汝伦译. 上海：上海译文出版社，2003：7.

现于教师开展的教学活动之中，可被理解为教学能力。

1）教学技能是教师开展教学活动的能力。"教学技能是指教师在课堂教学中，依据教学理论，运用专业知识和教学经验等，使学生掌握学科基础知识、基本技能并受到思想教育等所采用的一系列教学行为方式。"[1]教学技能是教师教学能力的重要体现。技能与能力有关，能力是指人能胜任某种工作或事务的主观条件；教学技能则是指教师为完成预设目标在教学中呈现的能力，外在呈现为活动方式或行为方式，内在则是一种教学能力。

2）教学技能是教师的教学设计能力。"教学设计这一术语，指的是把学习与教学原理转化成对于教学材料、活动、信息资源和评价的规划这一系统的、反思性的过程。"[2]从这一意义上说，教学技能是教师教学设计能力的体现，是教学设计策略在教学实践中呈现的能力。教学活动不是无目的的活动，是教学设计活动，因此教学技能也是教师教学设计能力的体现。课堂教学是设计的结果，教学设计者就如工程师把建筑理论应用于施工的过程中，工程师依据的是物理原理，教师依据的是教学原理。

教学技能与教学策略同宗同源，是从不同角度对教学的描述。有什么样的教学策略，就有什么样的教学技能。比如导入策略，与之相对应的就是导入技能；教学组织策略，与之相对应的就是教学组织技能。

二、教学技能的分类

教学技能的场域固定，因此教学技能主题也相对固定。在中小学课堂教学中究竟有多少教学技能，由于分类依据不同，研究者不同，其结论也不尽相同。有的研究者按教学程序划分教学技能，有的按教学活动方式划分教学技能，还有的按信息传输方式划分教学技能。

下面简要介绍美国、英国、澳大利亚及日本学者对教学技能的分类。美国

---

[1] 李雅娟. 教师的教学技能[J]. 辽宁教育学院学报, 2000 (3): 100.
[2] P. L. 史密斯, T. J. 雷根. 教学设计[M]. 3版. 庞维国, 屈程, 韩贵宁, 等译. 上海: 华东师范大学出版社, 2008: 4.

学者艾伦（Allen）、瑞安（Eve）将教学技能分为 14 类，其中"有计划地重复""交流的完整性"被当作教学技能，这在国内学者的分类中是不多见的；20 世纪 60 年代，英国微格教学工作者特罗特（Trotter）从教学行为研究视角，将教学技能进行了分类，提出 6 种教学技能；20 世纪 70 年代，澳大利亚学者特尼（Tinney）等将教学技能进行了重新分类，分为 7 类教学技能；日本学者井上光洋将教学技能分为 9 类。这些技能可以概括为教师在课堂教学中向学生传递知识过程中所需的基本技术或技巧，如导入、板书和提问等。但不同学者基于自己的理解，对教学技能的分类是不同的。国内有学者将教学技能分为导入技能、讲解技能、提问技能、板书技能、演示技能、语言技能、强化技能、组织技能与结束技能 10 类。[①]国内外学者对教学技能的主要分类如表 2-1 所示。[②]

表 2-1 国外研究者关于教学技能的分类

研究视角	基本观点	教学技能分类
要素研究视角	美国学者艾伦和瑞安从构成教学技能的要素中抽出 14 种因素设定为普通教学技能	刺激多样化；导入；总结；非语言性启发；强调学生参与；流畅提问；探索性提问；高水平提问；分散性提问；确认、辨析专注行为；图解的范例应用；运用材料；有计划地重复；交流的完整性
教学行为研究视角	英国微格教学工作者特罗特依据可观察的、能够量化分析的教学行为，设定 6 种教学技能	变化的技能；导入的技能；强化的技能；提问的技能；举例的技能；说明的技能
教学能力研究视角	美国佛罗里达州在 20 世纪 70 年代曾经提出一个教师能力表现的 1276 项指标	量度及评价学生行为的能力；进行教学设计的能力；教学演作的能力；负担行政职责的能力；沟通能力；发展个人技巧和使学生自我发展的能力（显然，教学设计、教学演作、个人技巧都可以归为教师的教学技能）
	美国芝加哥市立大学曾对 30 名具有影响的教师进行调查，提出了好教师的基本特征	精心组织与规划课程，课程按照导入、小结和紧凑的逻辑循序展开；对学生表达肯定态度，注重与学生的沟通；通过提问鼓励学生积极参与课堂活动，观察学生对教学活动的参与；通过评论试卷或论文，为学生提供经常性的反馈信息

1. 根据对教学的理解和教学组织方式

各国课堂教学组织方式差异较大，由于文化背景及分类目的不同，各国对教学技能的分类也不同。比如国外多是小班化教学，不同于国内大班额的班级

---

① 李雅娟. 教师的教学技能[J]. 辽宁教育学院学报，2000（3）：100.
② 荀渊. 教师教学技能研究[J]. 上海教育科研，2004（8）：19-20.

授课制，因此对教学技能存在不同的理解。"如美国斯坦福大学分为十四类，英国分为六类，日本分为九类，我国微格课题组把教学技能分为十类。"①

2. 根据研究者对教学技能本质属性的理解

从教学技能的内在发生机制来看，它是教师既有的认知结构对知识的理解、对教学情境的把握，对教学行为的选择等认知活动而构成的一个复杂的心理过程。如果把教学技能看作一种行为方式，则会从教学行为的角度来定义教学技能；如果把教学技能看作一种信息输出方式，则会从信息输出的角度来定义教学技能；如果把教学技能看作一种活动方式，则会从教学活动方式的角度来定义教学技能。

但对教学技能的分类，应适宜中小学教师提升、学习，应符合教学实践的特征，教学技能应根据如下原则进行分类。

1）以教学设计为单元对教学技能进行分类。教学技能分类较多，依据的标准也不同。但比较适切的是依据教学设计对教学技能进行分类，因为教学活动是教学设计的活动，"设计"本身就是一种规划行为，体现于课堂中就是教学设计活动。这是目前最符合教学本质的教学技能分类原则。

2）可模仿、可提升。教学技能的划分，应以能模仿、能提升为基本原则。凡是技能，皆可学习和提升。但现在有的技能分类划分的教学技能不能学习，不能提升，比如教师的教学语言，从教学设计的角度，语言不是教学设计，更多的是一种天赋。

3）教学技能的划分应是真实的、可操作和可测量的外显行为。教学技能虽属于心理特征，但不应从心理学的角度进行划分。教学技能的定义或概念应体现可观察、可操作和可测量的外显性行为，这便于训练和提升教师的教学策略。它的提升过程也是复杂的、分阶段的，包括在教学理论基础上，按照一定方式进行反复练习或由模仿而形成的初级教学技能，也包括经过多次练习使教学活动方式的基本成分达到自动化水平的高级教学技能（即教学技巧）。

教学技能界定与分类的科学程度反映了对教学过程认识的程度，决定着教

---

① 江玲，邹霞. 微格教学与教学技能的分类[J]. 西华师范大学学报（哲学社会科学版），1999（5）：72-77.

学技能的训练效果。纵观已有关于教学技能的界定与分类，其存在的突出问题如下：一是关于教学技能的分类不符合中小学的课堂教学实践，内涵、外延不清楚，把教学能力界定为教学技能。比如有学者把"教学语言"作为一项技能。所谓教学语言，也称教学用语，是指教师进行课堂教学时所选用的语言体系。教学语言是师生交流的载体，是不同教学技能的语言工具，在不同的教学场景中，其目的或操作是不同的，因此教学语言不是技能，而是一种能力。二是分类交叉、模糊，无法操作训练，比如在有的教学技能训练书中，教学技能包括课堂对话技能、提问技能、语言技能三类技能，而这三类技能互相交叉，界限不清。三是教学技能不具体，概括笼统，缺乏操作性。比如许多微格训练教材中有"讲授技能"这一界定，结合教学实践，我们会发现"讲授技能"根本不是某一个技能，而是一系列教学技能的集群。

著名教学设计专家迪克（Dick）认为，衡量一项活动是否属于教学，至少要具备三个条件：有具体的学习目标、有针对目标的练习与反馈活动、通过评估确定所希望的行为（学习）变化是否出现。[1]笔者认为，作为教学中的教学技能至少应具备如下三个条件：有明确的目的或教学功能，有明确的操作要领，通过评估能确定该教学技能得到提升。

此外，教学技能界定与分类需要遵循以下原则。

第一，教学技能界定与分类的真实性原则。教学技能是实实在在的教学水平的体现，它体现在每天的教学活动中，因此，对教学技能的界定与分类必须真实，符合教学实践的要求。教学技能是在教学中实实在在发生的教学行为方式，对它的界定或分类不能过于"空""大"。因为教学是真实发生的，任何教学技能的分类与界定都应让中小学教师一看就明白，一听就会意。比如对"变化的技能""确认的技能"等的界定，如果内涵与外延不清楚，中小学教师就无法练习和提升这些技能。真实性原则强调的是在界定教学技能和对其分类时，应结合课堂教学的实际流程，在真实的教学设计活动中进行，而不是抽象地、形而上地界定。

---

[1] 吴红耘，皮连生. 心理学中的能力、知识和技能概念的演变及其教学含义[J]. 课程·教材·教法，2011（11）：108-112.

第二，教学技能是教学的系列行为。谈及教学技能时，常常涉及教学的单一行为和系列行为。波兰尼在论述技能时，常常用"技艺"一词来代替技能。何为技艺？熟练的系列行为形成技艺，技艺是呈现一定特点或目的并达到一定高度的系列技能。由此看来，单一的人类行为不能称为技能，如游泳需要技能，但单一的划水动作不构成技能；骑自行车需要技能，但单一的扶车把动作不能称为技能。为何单一的行为无法构成技能呢？波兰尼在论述技能时还提到了另一个概念"连贯性"，他指出"'连贯性'是一个故意使用的意义不够精确的词语，用以表示某种不可言传的性质"[①]，所以技能都在表达某种意义，单一行为不具有表达意义的功能。波兰尼论述技能应具有动作的"连贯性"，已明确单一行为构不成技能。

教学技能是教学行为，但教学行为并不全是教学技能。这一观点也得到了国内外学者的认同，比如澳大利亚学者特尼认为，"基本教学技能是在课堂教学中教师的一系列教学行为"[②]。国内学者是这样界定的："教学技能是在课堂教学中教师运用专业知识及教学理论促进学生学习的一系列教学行为方式。"[③]比如常见的提问，一个完整的提问包括预设问题、发问、候答、提问与理答。发问行为或候答行为都不是完整的活动单元，构不成教学技能，只有预设问题、发问、候答、提问与理答构成一个提问活动，实现教师的某一教学目的时，才可被称为教学技能。

总之，国内外学者关于教学技能的定义表明，教学技能是由系列教学行为构成的，具有某种意义。就课堂教学而言，具有某种意义的系列教学行为就是具体的教学设计活动。

第三，教学技能是有目的的教学行为。在波兰尼的论述中，技能的目的性是指"意义"，他强调一种技能一定具有某种意义。他举例说，单字是无意义的，但当把它们组合起来时就可以表达某种情感、意义。"教学技能，本质上是一种问题解决的能力。"[④]能够解决问题的教学行为一定不是单一的行为所能完

[①] 迈克尔·波兰尼. 个人知识：迈向后批判哲学[M]. 许泽民译. 贵阳：贵州人民出版社，2000：118.
[②] 转引自胡淑珍，胡清薇. 教学技能观的辨析与思考[J]. 课程·教材·教法，2002（2）：21-25.
[③] 胡淑珍，胡清薇. 教学技能观的辨析与思考[J]. 课程·教材·教法，2002（2）：21-25.
[④] 丁炜. 基于情境实践模式的高校新教师教学技能培养研究[J]. 教师教育研究，2019（5）：46-52.

成的，它由有目的的系列教学行为组成。就课堂教学而言，教学活动中的系列教学实践行为一定是有目的的，并构成一个完整的教学设计单元。教学技能是在课堂教学实践中呈现的技能，应符合教学的本质规定性。

史密斯（Smith）与雷根（Ragan）在其著作《教学设计》中对教学的本质是这样定义的："教学是有目的地促进学习以达成既定学习目标的活动"，"有目的地安排学习条件，以促进某些既定目标的达成"。[①]从上述观点出发，教学活动由体现教学技能的教学行为组成，任何教学技能都是由有目的教学行为或教学设计活动所体现或承载的。基于这个思路，教学中最基本的教学技能应是最基本的教学设计活动所体现出的技能，比如导入技能、教学结构设计技能、小组合作技能等。教学技能的目的也可被称为教学活动的教学效果或教学功能，比如教学中常见的导入行为或导入技能，其系列行为目的明确，即激发学生学习兴趣，引起学生的注意。导入是系列教学行为的组合，一般持续2—3分钟。单一的讲解行为或互动行为因没有明确的教学目的而不能被称为导入技能。

第四，教学技能是具体的、可观察和可操作的。波兰尼指出，技能一定是可视的、可重复的。教学技能要想被他人学习，实施者在实施过程中的细节或环节一定是可以被观察和学习的。波兰尼还指出，"在技能实施的过程中，这些细节是获得技能的工具；在运用行家绝技的过程中，这些细节是被观察到的综合整体中的元素"[②]。对于教学技能的这一特征，国内学者是这样认为的："技能是顺利完成某种任务的行为方式。它的主要特点是由个人近乎自动化的外在动作表现出来，具有可观察性和可操作性。"[③]这一对教学技能的定义强调了教学技能的外显化、可观察性和可操作性特征，这是理想教学技能的基本要求。

教学技能是需要提升与培训的，如果界定的教学技能具有模糊、不清晰的内涵与外延，则其没有提升的价值。比如，有的学者把"课堂倾听"作为一项技能，而它其实是教师与学生交往的一种态度，不是教学技能，因为在不同的

---

① P. L. 史密斯, T. J. 雷根. 教学设计[M]. 3版. 庞维国, 屈程, 韩贵宁, 等译. 上海：华东师范大学出版社，2008：7.
② 迈克尔·波兰尼. 个人知识：迈向后批判哲学[M]. 许泽民译. 贵阳：贵州人民出版社，2000：98.
③ 马凤龙. 教学能力与教学技能的区别[J]. 吉林教育科学（高教研究），2000（7）：75-76.

场景，其倾听的要求不同，目的不同。因此，该教学技能的内涵与外延不清晰，不具有操作性，也无法被借鉴学习。

微格教学是最早进行教师教学技能训练的理论体系，英国微格教学工作者特罗特在选择教学技能时，"排除了学科和学校的特点，排除了地方和乡土的特殊因素，设定了适应范围较广的一般教学技能，他们把教学技能的设定与学生的学习联系起来，把能够观察、能够表现、能够实行量化分析并为教师所熟悉的课堂教学行为设定为教学技能"[1]。

综上所述，中小学教师的教学技能应具备如下特征或要求：①可发现。该活动是教学必备的或常用的教学活动，具有重要的实践意义，并为教师的经验所证实。过于特殊的教学活动不能被称为教学技能。②有目的。有明确的教学目的或功能，具有明确的操作要求。③可操作。每种教学技能应有确定的内涵和外延，具有能外显、易观察、易操作（模仿）的特征，只能意会不可言传的教学能力不是教学技能。④可观察、可评价。教学技能是真实存在的，具有明确的操作要求，因此具有可观察、可评价的特点。

第二节 中小学课堂核心教学技能主题

从学生学习的角度来看，一节好课是为学习者注意、编码和提取信息提供高水平支持的课堂。从教师的角度来看，这就需要其使用多种教学策略，对教学进行有针对性的教学设计。教学技能是教师运用教学策略的能力与水平的体现，教学策略是教学技能的内核，教师在掌握并熟练运用教学策略时，体现的是其教学技能的提升。

一、史密斯和雷根关于教师的教学设计主题分类

中小学教师在课堂教学中有多少教学设计主题也就有多少教学设计策略或

---

[1] 梅国君. 课堂教学技能分类研究[J]. 常州教育学院学报，1996（2）：35-36，39.

教学技能。根据瑞格鲁斯（Reigeluth）对教学策略的分类，可以将教学策略分为三类：组织策略、传输策略和管理策略。"组织策略是指一个教学将如何组织，要呈现什么特定的内容，以及这些内容该如何呈现。传输策略是指要使用什么样的教学媒体以及学习者该如何分组。管理策略包括安排进度和分配资源，实施按照先前的组织策略和传输策略来加以规划的教学。"[①]上述三类策略是指一个教学活动需要的策略，既可以是一个单元或者更宏观的教学活动的策略，也可以是一节课的教学策略。按照国内中小学教师的教学习惯，教学设计策略一般以一节课为单元，那么教学策略就专指组织策略。传输策略与管理策略在国内中小学课堂上用得不多，分组策略也是临时分组，并非每节课都要分组。因此，组织策略对教师教学的意义更大。

史密斯和雷根认为，组织策略就是指教师如何规划、设计教学活动。组织策略体现了教师的组织技能，实际上包括选择教学内容（即制定教学目标），以及该采用什么次序进行教学。这些组织策略为学习者的学习提供了高水平的支持。关于教学次序，史密斯提供了一个教学次序：导入—主体—结尾—评估。这些教学次序相关的是教学事件或教学活动，表2-2是具体的教学活动事件，从教师的角度，每一教学活动都有相应的教学策略与技能。[②]为了便于理解，笔者做了简单的改动。

表 2-2　教学中的核心教学技能

教学次序	学生：学生生成	教师：教学提供
导入	引起活动的注意 确定意图 激发兴趣和动机 预习	获取对学习活动的注意力 告知学习者意图 促进学习者的注意/动机 提供概述
主体	回忆相关的先行知识 加工信息和样例 集中注意力 运用学习策略 练习 评价性反馈	促进对先行知识的回忆 呈现信息和样例 获取和引导注意 指导或鼓励使用学习策略 提供练习并指导 提供反馈

---

① P. L. 史密斯，T. J. 雷根. 教学设计[M]. 3版. 庞维国，屈程，韩贵宁，等译. 上海：华东师范大学出版社，2008：186.

② P. L. 史密斯，T. J. 雷根. 教学设计[M]. 3版. 庞维国，屈程，韩贵宁，等译. 上海：华东师范大学出版社，2008：190.

续表

教学次序	学生：学生生成	教师：教学提供
结尾	总结和复习 学习迁移 进一步激励与结束教学	提供总结和复习 加强迁移 提供进一步激励并结束教学
评估	评估学习 评价性反馈	进行评估 提供反馈和辅导

上述教学活动，从学生的角度看，是学生学习的事件，也可以是学习策略；从教师的角度看，是教学活动事件，也是教学策略，呈现在教学中，是一名教师教学技能的体现。从一般意义的教学设计角度看，上述四步是每节课的基本框架，也可以理解为是教师应掌握的基本教学技能。上述教学活动可被细化为15个事件，则分别对应15种教学技能或教学策略，每种策略的灵魂和核心是为学生、情境及学习任务提供最好的方法。"尽管我们一般都使用'单节课'这个术语，但我们希望你能意识到课程是有很多类型的，而'学习环境'这个术语或许常常被补充或被替代。策略设计的灵魂和核心是给学习者、情境和学习任务提供最好的办法。"[1]在表述与实施时，史密斯和雷根特别强调："对每种事件的第一种陈述，诸如'总结和复习'，都采用学生-生成这样的形式来描述，就好像学习者对学习条件的设置是负首要责任的。"[2]比如教学总结一般由教师完成，如果由学生来进行，就更能体现学生的主体性，教学效果也就会更加理想。"每个总结，不止是总结，都可以让学生来完成，学生是完成教学拓展事件认知加工的主人。"[3]之所以每个事件都从教与学的双重角度来描述，是因为要通过两种形式来描述这些事件，以确保"教与学"的平衡。因为教学方式具有多元化特征，所以它至少存在三种方式：讲授式、探究式、讲授式与探究式的平衡。教师可以在教学中自由地选择教学方式，但一般而言，选择以学习者为中心、以主动和有意义的方式进行最为理想。

---

[1] P. L. 史密斯, T. J. 雷根. 教学设计[M]. 3版. 庞维国, 屈程, 韩贵宁, 等译. 上海：华东师范大学出版社，2008：191.

[2] P. L. 史密斯, T. J. 雷根. 教学设计[M]. 3版. 庞维国, 屈程, 韩贵宁, 等译. 上海：华东师范大学出版社，2008：190.

[3] P. L. 史密斯, T. J. 雷根. 教学设计[M]. 3版. 庞维国, 屈程, 韩贵宁, 等译. 上海：华东师范大学出版社，2008：190.

笔者在研究中发现一个有意思的现象：对于有的教学设计策略，虽然一线教师不明确其名称，但在教学实践中却经常采用。实践经验让一线教师选择了好的教学策略，并一直延续下去。史密斯和雷根在谈到教学设计策略时是这样描述的：假如你观察有经验的教师，通常会发现他们都融通了这些事件，无论他们是否听说过这些事件。教师通常遵循这个模式，是因为他们已经发现经历这些教学事件的学生要比其他学生学得更好些。[1]这是教学实践对教师的教学策略进行了选择，并促使其进化。

首先，上述教学设计策略多数基于心理学的认知特点而设计，心理学知识的特点是内隐的，不易操作，比如使用许多心理学的术语，如意图、动机、注意与信息加工等。其次，上述教学策略基于心理学进行划分，不切合真实的教学实践活动，特别是不切合国内中小学课堂教学实际。基于上述不足，这些教学策略往往很难被广大中小学教师拿来使用，从而无法为学生提供理想的学习支架。

二、切片诊断中的教学技能主题

教学设计主题是与教学技能相对应的，有多少教学设计主题就有多少相对应的教学技能。本小节从教学设计的视角分析中小学课堂教学的核心教学技能。

教学技能所具有的特征是对教学技能进行分类的理论基础和依据。目前国内外关于教学技能的界定和分类存在不足，主要问题是笼统、概括或内涵与外延不清晰，不可操作，严重影响了教师教学技能的训练与提升。比如美国学者在其著作《有效教学基本技能》中把"课的呈现、课的管理、学生进展评估"作为三类教学技能。[2]"课的呈现""课的管理""学生进展评估"显然不能作为教学技能，因为它们太笼统、太概括，不是单一的技能，而是包含不同技能的教学技能群。比如"课的呈现"是指"讲解、实践、作业单、角色扮演以及小组讨论等"，这显然是一个教学技能群而不是单一的某个教学技能，它可以进一

---

[1] P. L. 史密斯, T. J. 雷根. 教学设计[M]. 3版. 庞维国, 屈程, 韩贵宁, 等译. 上海：华东师范大学出版社，2008：190.

[2] 克里斯·克里亚科. 有效教学基本技能[M]. 王为杰译. 广州：广东教育出版社，2013：1-3.

步被分解为更具体的教学技能，如角色扮演技能、小组合作技能等。不同的教学技能又具有不同的功能、特征与操作要求，太过笼统的教学技能无法使教师进行有针对性的训练，即不具有操作性。

对教学技能的界定与分类的目的是认清中小学教师教学技能的发生机制与原理，进而提升其教学能力，增强教学的有效性，实现教师专业发展。结合教学技能的本质特征，最理想的教学技能分类应符合以下三个要求：①符合中小学课堂教学实践，与相应的教学实践活动相对应，有提升训练的必要；②内涵和外延清楚、准确具体，不交叉、互不包含，便于聚焦和训练；③属于技能范畴，是一类有目的的教学设计活动，可操作、可训练提升。

基于上述教学技能分类的要求与特征，结合中小学教学实践的本质，笔者根据传统中小学教师上课的基本流程，提出 11 项具有普适性的核心教学技能（图 2-1①）。

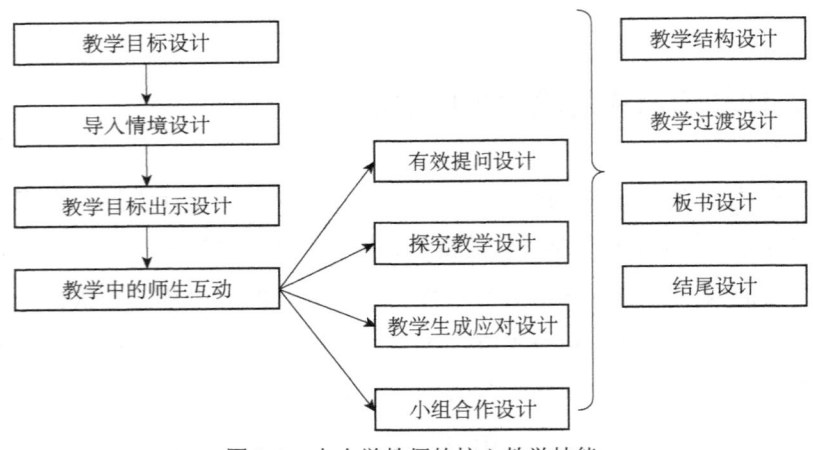

图 2-1 中小学教师的核心教学技能

上述 11 项核心教学技能是按照班级授课制的教学流程分解出来的教学活动，基于真实的教学实践分解出来的。它们有明确的教学目的与操作要求，具有清晰的内涵与外延，是教学中一个个相对独立的教学活动。它们是通过有目的的训练可以提升的教学技能，符合教学技能的本质属性。从中小学教师教学

---

① 图 2-1 是中小学教师的 11 项核心教学技能，后文中小学课堂教学常用的教学诊断框架、11 个教学诊断主题、课堂教学 11 个核心教学设计主题，以及 11 个课堂教学切片主题均基于此。

实践的必要性出发，它们具有如下特点。

1）系统性。上述技能是从备课到教学结尾，包含一节完整的课堂教学应包括的关键教学技能，因此具有系统性。它是中小学教师上好一节课必备的教学技能，也是其专业发展的核心内容，可以说是其核心教学技能或关键技能。

2）公共性。这些教学技能不分学科、不分年级，是中小学课堂教学必有的教学技能，它们的操作要求或原理是一致的，因此可被称为中小学课堂教学的公共技能。

3）操作性。教学技能的最大特点就是具有可操作性或可学习性，这些教学技能都有明确的操作要求或原理，可以被学习借鉴并能够提升。

4）微观性。上述教学技能是真实教学中常见、常用的教学设计主题，理论研究者如果不深入课堂实践，就很难关注到这些主题，而这些主题又是中小学教师上课实践必须实施的教学设计活动。因此，如果研究者研究了这些主题的相关原理，由此得出的实践性知识有很大的实践需求。

第三节　历史上关于教学技能认识的局限性

对教学技能的研究始于 20 世纪 70 年代，当时国际教育界掀起了改善教师教育的新思潮。随着科学技术的发展（特别是多媒体技术的发展）和师范教育教学改革的深入，教师的教学技能再次成为教师教育领域的一个重要课题。教师不仅要具备专业知识，能解决"教什么"的问题，还要具备一定的知识传递技能，能解决"如何教"的问题。因此，专业知识与教学技能对于一个"好"教师而言同样重要。如何认识教学技能，决定着如何培训教师教学技能，以及如何观察课堂研究教学技能，因此揭示教学技能的本质属性，是研究课堂和优化教学效果所要解决的首要问题。

在历史上，关于教学技能有四种经典认识：活动方式说、行为说、结构说和知识说。它们分别认为教学技能是教学活动方式、教学行为、教学行为与认知活动方式的结合、知识。其中知识说就是从知识观的视角透视教学技能。

教学技能活动方式说将教学技能视为一种活动方式，它是主体基于已有的知识经验，经过反复练习而形成执行某些任务的活动方式。比如莫里逊（Morrison）等认为，教学技能是为了达到教学上规定的某些目标所采取的一种极为常用的、一般认为是有效果的教学活动方式。[1]这种学说有其局限性，如没有揭示教学活动的复杂性，教学活动会因教学对象、内容和条件不同而变化，"因此，用活动方式来界定教学技能会犯定义过窄的逻辑错误"[2]。

教学技能行为说认为，"教学技能是指教师在课堂教学过程中，运用专业基础知识和教学理论，促进学生进行学习的一系列的教学行为方式"[3]。教学技能行为说为大多数国内学者所认同，它基于行为主义心理学，认为教学行为是可观察、可操作、可测量的外显行为，这有其合理性的一面。但该界定忽视了人的内部心理因素在教学技能中的重要作用，将教学技能的外显因素当作技能的唯一因素，有可能导致对技能的研究停留在比较肤浅的经验描述上，从而难以解释教学技能发生、发展和变化的根本原因。

教学技能结构说认为，教学技能并非单纯的教师行为或认知活动方式，而是由二者结合而成的系列。这种界定是教学技能行为说与活动说的进步，反映了当时教育心理学的最新成果，强调教学技能的构成及构成因素之间的相互关系。"虽然它有助于我们认识技能的外延，却未给技能以明确的规定，未能正确地揭示技能的任何内涵，因而，它难以使人们正确理解技能的真正含义。"[4]无论是教学技能活动说还是教学技能行为说，都是从外在的角度认识教学技能，认为教学技能是教师的教学活动或教学行为，但这样的定义没有深入教学技能的内部，无法揭示教学技能的本质属性。教学技能结构说认识到教学技能发生的复杂性，将教学行为和认知方式结合起来，认识到行为的发生与认知方式相关，但没有追问二者的关系如何，没有清楚地显示教学技能的发生原理。

教学技能知识说是最接近教学本质属性的认识，该认识来源于心理学对知识的分类。心理学将知识分为陈述性知识和程序性知识，教学技能是程序性知

---

[1] 胡淑珍，胡清薇. 教学技能观的辨析与思考[J]. 课程·教材·教法，2002（2）：21-25.
[2] 胡淑珍，胡清薇. 教学技能观的辨析与思考[J]. 课程·教材·教法，2002（2）：21-25.
[3] 张苏芹. 运用课堂实录促进教师教学技能发展的研究[D]. 山东师范大学硕士学位论文，2014.
[4] 胡淑珍，胡清薇. 教学技能观的辨析与思考[J]. 课程·教材·教法，2002（2）：21-25.

识，是动作技能、智慧技能和认识策略的综合体。教学技能"被理解成用于教学情境的一系列操作步骤，包括教师在教学汇总表现出来的动作技能、智慧技能、认知策略"①。教学技能知识说认识到教学技能和情境、知识、动作相关，但该定义并不能解释教学技能的知识构成是什么，在教学技能发生的过程中起到什么作用、处于什么地位。这种对教学技能的认识是客观主义、理性主义知识观认识的结果。客观主义、理性主义知识观易导致理智与情感、科学与人性的分裂。教学实践不仅有科学的成分，还有艺术的成分，因此，单纯的客观主义、理性主义知识观无法全面认识教学和教学技能。

第四节 教学技能的知识构成及提升策略

对哲学的研究深化了人们对教学的认识，教学观的转变又促进了人们对教学技能的认识。随着后现代哲学的兴起，人们对知识的认识发生了深刻变化，由客观主义、理性主义知识观转变为后现代主义知识观。后现代主义知识观对知识的认识颠覆了客观主义、理性主义知识观，强调知识的个人性与隐性，强调社会实践的发生不纯粹是理性的结果，认为"所有的科学知识都是个体参与的或者说所有的科学知识都必然包含着个人系数的新的知识理论，即个人知识"②。后现代主义知识观与客观主义、理性主义知识观是相反的，客观主义、理性主义知识观认为知识不具有个人性，是客观的。个人知识观更符合事实本身。教学实践也是人类实践的重要组成部分，这些对人类实践创新性认识极大地启发了人们对教学实践的认识。

在历史上，有两位哲学家对知识的认识具有异曲同工之处，他们对知识的认识有助于深化人们对教学实践的认识，进而深化人们对教学技能的认识。持后现代知识观的哲学家较多，比如罗素（Russell）在《人类的知识》一书中对知识做了"个人的知识"和"社会的知识"的区分。"谢弗勒把人类知识分成三

---

① 张苏芹. 运用课堂实录促进教师教学技能发展的研究[D]. 山东师范大学硕士学位论文，2014.
② 张淑晗. 波兰尼个人知识观视域下的教学技能研究[D]. 河南大学硕士学位论文，2016.

种：理性知识、实证知识和实效知识，其中实效知识是指行动人在平时的实践中根据所学知识结合实际情况进行的自我创造，并且十分有效的知识。"①

虽然"教学技能"是大家耳熟能详的概念，但它的神秘面纱依然没有被完全揭开，它的发生机制仍是模糊的，它的概念界定多种多样。当下教学技能的界定与分类存在模糊、交叉的现象，严重制约了教学技能的提升与训练。正如波兰尼所述，"人类拥有巨大的心灵领域，这个领域里不仅有知识，还有礼节、法律和很多不同的技艺，人类应用、遵从、享受着这些技艺，或以之谋生，但又无法以可以言传的方式识知它们的内容"②。本书拟以英国哲学家欧克肖特在《政治中的理性主义》关于实践发生的知识理论和波兰尼的个人知识理论，来解释教学技能的知识构成及提升策略。

一、哲学视野中教学技能（教学实践活动）发生的复杂性

波兰尼是20世纪西方一位有较大影响的物理化学家和哲学家。他在哲学领域的最大贡献是发现了支配实践发生的实践性知识，创生了"个人知识"概念，分析了技能类知识的复杂性。

（一）教学技能无法按其细节进行充分解释

教学既是预设的产物，也是生成的产物。某位教师在教学中呈现的应对生成的能力与表现是无法用语言描述的，更不能提前准备。正如一位钢琴名家的弹琴方式是无法描述的一样，虽然名家的弹琴方式具有重大的艺术价值，但很难说清楚钢琴名家究竟是如何触键的。"一位新手弹琴者和一位名家敲在某一特定钢琴的琴键上发出来的音没有什么特殊的区别，但当它与音锤敲在琴弦上时发生出的音符混合在一起时，音质就发生了根本的变化。钢琴家的弹琴技能何以解释，钢琴家也难以描述清楚。"③

---

① 张淑晗. 波兰尼个人知识观视域下的教学技能研究[D]. 河南大学硕士学校论文, 2016.
② 迈克尔·波兰尼. 个人知识：迈向后批判哲学[M]. 许泽民译. 贵阳：贵州人民出版社, 2000：100.
③ 迈克尔·波兰尼. 个人知识：迈向后批判哲学[M]. 许泽民译. 贵阳：贵州人民出版社, 2000：75-76.

（二）教学技能不能按规则或规定传授给他人

虽然传统的教学论提供教学设计的部分原理、规则，但单纯地教授这些原理、规则，不足以形成教学技能。遗憾的是，当下对师范生教学技能的提升，大多依靠在师范学校教师执教的"教学论"知识，这显然不能形成所谓的教学技能，更不能使其提升。欧克肖特以研究政治实践闻名于世。他举例说明与教师的教学实践极其相似的政治实践发生原理："一个人不可能通过熟读烹饪指南之类的书就成为一个称职的厨师，就像一个人不能通过熟读《诗韵合璧》或《诗艺》而成为诗人一样。"[①]

教师的教学技能与其何其相似，一位教师不可能通过熟读教学理论而具备优秀的教学技能，教学技能的形成必定不是受某一种知识的支配而形成的。欧克肖特的关于政治实践的解读告诉我们，教学实践的发生并非受单一的知识支配，而具有复杂性。

二、教学技能的知识构成

人类的任何活动都是受知识支配的，教师的教学技能是教师在教学实践活动中表现出的能力特征，它的发生当然也是受知识支配的。欧克肖特与波兰尼从不同视角指出，实践的发生受实践理性支配，实践理性由不同的知识组成，不仅包括我们所熟知的显性知识，还包括默会知识（即隐性知识）。

（一）教学技能中的个人知识

知识首先是个人的，然后才可能是公共的。对于教学技能而言，是否也存在独特的个人知识？在个人知识支配下，教师在教学活动中呈现独特的教学实践效果，这显然是真实存在的，并符合教学事实。众所周知的教学风格正是独特个人知识的体现。教学风格指教师独特的教学特色，它是教师个体教学思想、个性特点和教育技巧在教学活动中独特的呈现，并且经常持续地呈现。从

---

① 迈克尔·欧克肖特. 政治中的理性主义[M]. 张汝伦译. 上海：上海译文出版社，2003：4.

知识观的角度来看，教学风格就是个人知识，它具有如下特点：①稳定性。说它是知识，是因为它持续呈现，对于个体而言具有稳定性。②独特性。它具有独特的价值，因为它使得个体教学活动过程中技能技巧运用得恰到好处，体现着一种艺术效果。③实效性。这类个人知识具有实效性，是经过无数节课堂教学实践检验真知识，是行之有效的知识。

在支配教学技能发生的知识群中，个人知识是存在的，并在教学实践活动中具有独特的价值。

（二）教学技能中规则类的显性知识

教学技能的发生显然受显性知识的支配。有句名言"教学有法，而教无定法"。其中这个"法"就是显性知识，有学者称其为程序性知识，也有学者称其为技术性知识。

欧克肖特把规则、技术、原则等知识称为技术之知。"这一类的知识可以用命题的方式加以陈述，能从实际活动中诉诸文字，归纳出一条条的通则，而且容易有效学习、记忆及实行。"①从上述描述来看，欧克肖特认为技术之知为一些实践发生的规则之类的知识，它可以用文字描述出来，用来指导实践的发生。俗语称"教学有法而教无定法"，这里关于教学的"法"即为技能之知。技能之知是可以以文字的形式显性化并被精确制的，它被实践者学习、记住并付诸实践。"在英国马路上开汽车的技术（或部分技术）可以在《公路规则》中找到，烹调的技术包含在烹调书里，在自然科学或历史中作出发现的技术存在于它们的研究规则、观察和证实规则中。"②教学中的技术之知可被理解为指导教学设计实践活动发生的规律类知识。比如导入操作规则、小组合作学习的规则等，它的主要特征是可被精确制定。技术之知可以从书本上学习，也可以通过课程学习。它可以被识记，可以被机械地运用。但仅靠技能类知识不足以使个体形成技能，遗憾的是，无论是职前师范教育还是职后教师培训，往往侧重技术之知的传授，导致教学效果不理想。

---

① 简成熙. 重审教育理论性质：纪念保罗·赫斯特教授[J]. 当代教育科学，2001（3）：3-20.
② 迈克尔·欧克肖特. 政治中的理性主义[M]. 张汝伦译. 上海：上海译文出版社，2003：8.

（三）支配教学技能发生的隐性知识

在人类的活动中，除了规则、公式等显性知识外，还有一类知识不能被制定为规则，欧克肖特称之为实践性知识，波兰尼称之为默会知识（即隐性知识）。这类知识是任何技能的必备知识，与上述显性知识是孪生的，是可以被区分的，但在同一活动中又是不可分的。"就像烹调这样一门实践技艺中，无人会假定属于一个好厨师的知识就局限于烹调书上写下或可能写下的东西；技术和我称之为实践知识的东西结合在一起，构成烹饪技艺，无论它存在于何处。"[1]

波兰尼特别强调，关于人类行为的知识领域的隐性知识比较普遍。支配教学技能发生的知识同样也属于关于人类行为的知识。其中他特别列举了游泳、骑自行车、弹琴三种人类行为。这类关于人类行为的发生受"知而不能言"的知识支配。"有一位著名的科学家年轻时为了生计曾教人游泳。他告诉我当他试图找出令他能游泳的原因时真给弄糊涂了。无论在水里怎么弄，他总能浮起来。"[2]关于人类行为的知识（包括教学技能在内）中的隐性知识是实践者"知而不能言"或"不知也不能言说"的知识，它内隐于实践者行为中，与显性知识一起支配着教学行为的发生。

1. 关于教学技能中的隐性知识无法充分解释

一名优秀教师在课堂上呈现精彩的教学设计活动，赢得了学生及听课教师的好评。如果课后对其进行回访，这一精彩的活动是如何发生的，这位教师除了能解释清楚支配行为发生的显性知识外，估计很难解释清楚具体细节发生的缘由。支配细节发生的就是难以描述的隐性知识。波兰尼列举钢琴家弹琴中的"一触"这一动作行为。"令钢琴发出一个声音可以有不同的方法，这是要随钢琴的'一触'而定，音乐家们认为这是一个十分明显的事实。"[3]对于音乐家来说，这"一触"十分有价值，但如何让学生学会这"一触"的确十分困难，因为包括音乐家在内，谁也说不清楚它的力度究竟是多大，如何才能发出与音乐

---

[1] 迈克尔·欧克肖特. 政治中的理性主义[M]. 张汝伦译. 上海：上海译文出版社，2003：8.
[2] 迈克尔·波兰尼. 个人知识：迈向后批判哲学[M]. 许泽民译. 贵阳：贵州人民出版社，2000：74.
[3] 迈克尔·波兰尼. 个人知识：迈向后批判哲学[M]. 许泽民译. 贵阳：贵州人民出版社，2000：74-75.

家一样的琴音。"所以有人争辩说,音锤击在琴弦上的效果完全取决于它击在琴弦上那一瞬间的自由运动速度。"①但这个速度如何掌握是无法描述清楚的,是需要在"勤学苦练"中悟出的。教学技能的发生同样如此,关于技能发生的显性知识是可以描述、学习的,而其中的隐性知识是不能描述的,必须通过反复实践才能悟出。从这一角度来说,教学技能是不可学会的,正如这句俗语"教无定法"。

2. 隐性知识的分类

人类社会中的各种各类技能,当然包括教学技能,具有不可言传性。"这就是你发现的游泳方法但又不知其靠的是以特定的方式调节你的呼吸的过程;这也是你发现骑车原理但又未意识到其靠的是调节瞬间的方向和速度以抵消你持续的瞬间偶然失衡的过程。"②按照波兰尼对技能类隐性知识的分类,教学技能中的隐性知识可分为两类:知而不能言的知识和不知也不能言的知识。这两类知识是支配教学技能发生的"隐性理论",它们在教学行为或活动中呈现,在实践中养成或提升。正因为隐性知识的存在,教学技能无法被完全复制,教学技能的提升存在着特殊性。

综上所述,教学实践的发生受三类知识支配:个人知识、显性知识与隐性知识。个人知识中有显性知识,也有隐性知识。显性知识告诉实践者什么不能做,隐性知识告诉实践者如何做。三类知识犹如三驾马车,共同推动实践的发生。简言之,在教学实践活动中,三者对实践的指导功能不同,是不能分开的,也不能互相代替。

三、教学技能提升路径中的可为与不可为

一方面,教学技能是可以学习、提升的,是"可为的",即通过对支配教学技能发生的显性知识的学习可以提升、优化教学技能;另一方面,教学技能的提升又是"不可为"的,即仅靠显性知识的学习是无法完全掌握与形成理想的

---

① 迈克尔·波兰尼. 个人知识:迈向后批判哲学[M]. 许泽民译. 贵阳:贵州人民出版社,2000:74-75.
② 迈克尔·波兰尼. 个人知识:迈向后批判哲学[M]. 许泽民译. 贵阳:贵州人民出版社,2000:94.

教学技能，因为支配教学技能发生的还有隐性知识，还有缄默理性的养成。正如波兰尼所说："当科学中的言述内容在全世界数百所新型大学里成功授受的时候，科学研究中不可言传的技艺却并未渗透到很多这样的大学中。"①教学技能的提升与养成必须关照这两类知识。

教学技能提升是一个"过程"，短期的学习无法形成相关技能。教学技能的提升应结合教学技能的知识构成来进行。技术性知识需要直接的理论学习，可以被掌握，但实践性知识通过理论学习的效果却不理想。相关研究表明，"21.95%的教师能力形成于大学前，64.31%形成于职后，只有12.74%形成于大学期间"②。教学技能从技术到艺术的提升是一个漫长的过程，可以分为4个阶段：模仿性教学阶段、独立性教学阶段、创造性教学阶段与风格化教学阶段。③①模仿性教学阶段。这是从教学技术的学习到教学技能的获得的过程，是新手教师必须经历的阶段。他们模仿的是自己的教师或同伴的教学，这是教学技能形成的初级阶段。②独立性教学阶段。经过一段时间的模仿性教学，教学技能达到一定的熟练程度，就可被称为教学技巧。在独立性教学阶段，教师具有一定的教学技巧。③创造性教学阶段。创造性阶段比独立性教学阶段高了一个层次，它是在巧教的基础上不断地积累探索从而走向创新的阶段。在这一阶段，教学技能已有部分成为教学艺术。④风格化教学阶段。这是教学技能发展的最高级阶段，它是教师本人独特的创造力和审美价值稳定地定向在教学领域中所形成的个性风格，是教学所追求的最高境界。教学技能的形成要求教师必须具备传递三类知识的能力或掌握三类知识。

（一）通过学习支配教学技能发生的可操作性显性知识提升教学技能

支配教学技能发生的显性知识是存在的，是技能发生的前提与基础。在教师教学技能的学习以及大规模、高效率的培训学习中，教师学习的主要就是这种显性知识。这种显性知识就是教学理论，但并非所有教学理论都可以转化为

---

① 迈克尔·波兰尼. 个人知识：迈向后批判哲学[M]. 许泽民译. 贵阳：贵州人民出版社，2000：79.
② 王美. 基于教学视频病理库的师范生教学技能训练模式研究：以教学语言技能为例[D]. 浙江师范大学硕士论文，2014.
③ 张铁牛. 教学技能研究的理论探讨[J]. 教育科学，1997（2）：27-29.

教学技能，教学技能本质是"教学问题的解决策略"。

布鲁纳（Bruner）在其 1966 年出版的《教学论探讨》（*Toward a Theory of Instruction*）一书中指出，真正的教学理论是有可操作性的教学理论，具有较强的实践性，在教学理论中必须清楚说明以下四点：①采用何种有效的办法，将学生的心向（mental set）引导进入准备学习的状况；②在使学生最容易学到知识的原则之下，采用何种方法组织和结构教材；③在教学时宜采用何种有效程序呈现教材方有利于学生的学习；④在教学活动中如何使用奖励原则，以维持学生的学习动机。[1]

综上所述，支配教师教学实践形成教学技能的显性知识应是"解决某一类教学问题的策略性知识"，它应具有操作性、实践性。支配教师教学技能发生的显性知识的一个重要来源是对教师典型教学设计活动经验的归纳和提炼。这类知识来源于教学技能、教学实践，又回归教学实践，具有较强的针对性与操作性，是提升教师教学技能理想知识来源。对于"教学技能是如何发生的"这一问题，台湾学者黄政杰认为"教学乃是教学实务方面的行动哲学，有效教学实践多奠基于教师的经验性知识而非专家学者的理论性知识，所以有必要看重教师的经验性知识"[2]。

经验是人在面临某一问题情境时解决此类问题情境的办法。我们归纳此类经验形成知识时发现，这种知识有三大特点：①它是显性的，可以通过观察教学行为发生过程总结、归纳出来；②它具有操作性，是解决教学问题的办法，可以被借鉴学习；③它是支配具体的教学设计活动发生的理论性知识，这些活动是教学中经常发生的，有较强的针对性。这种支配教学技能的经验性知识融入了教师个人的想法、解释和价值选择，绝不是毫无组织、毫无依据的原初经验，是经过教师个体多次、多年实践检验的反省性经验，具有重要的教学实践价值。

总之，教师教学技能实践活动中所体现出的经验性知识经过归纳和提炼，成为新手教师教学技能形成与优化的重要显性知识。

---

[1] 转引自黄政杰. 教学原理[M]. 台北：台北师大书苑，2011：60-61.
[2] 黄政杰. 教学原理[M]. 台北：台北师大书苑，2011：60.

（二）通过师徒结对子学习教学技能中的隐性知识

在教学技能知识的学习中，师徒结对子的方式有着独特的优势。波兰尼特别指出，"这些知识都不是能单靠规则或技术规条来传授的，它们靠的是师傅教徒弟这样的方法来传授"①。师徒结对子促进教师专业成长是许多中小学采用的一种新手教师教学技能提升方式。师徒结对子本质上是"通过示范学习就是投靠权威"，"在师傅的示范下通过观察和模仿，徒弟在不知不觉中学会了那种技艺的规则，包括那些连师傅本人也不外显地知道的规则。一个人要想吸收这些隐含的规则，就只能那样毫无批判地委身于另一个人进行模仿"。②师徒结对子以教学活动为中介，优秀教师通过示范性上课，将自己优秀教学技能呈现于教学活动中，新手教师通过观察、反思，潜移默化地理解和掌握内隐于教学行为中的隐性知识。社会实践告诉我们，"像技能一样，行家绝技也只能通过示范而不能通过技术规则来交流"③。通过言传身教，新手教师可以学到优秀教师教学技能中的隐性知识，包括"知而不能言"与"不知也不能言"两类隐性知识。

（三）"做中学"，通过实践理解、感悟并形成教学技能中的隐性知识

教学技能的发生具有复杂性，对支配教学技能的知识进行分解只是为了更好地认识与提升教学技能，并不代表教师掌握了这些知识，就可以在教学实践活动中呈现这样的效果。研究表明，"教师的教学技能总是由可观察的、可操作的、可测量的各种外显性的行为表现构成，同时又是由教师既有的认知结构对知识的理解、对教学情境的把握、对教学行为的选择等认知活动构成的一个复杂的心理过程"④。这里的"复杂的心理过程"是从心理学角度判断的，从波兰尼个人知识观的角度判断，这就是隐性知识。教学技能中的隐性知识仅靠集中学习是无法养成的，只有通过教学实践、反思和感悟才能养成。

1）在实践、反思中领会隐性知识。"实践行为是一种默会的领会，完全依

---

① 迈克尔·波兰尼. 个人知识[M]. 许泽民译. 贵阳：贵州人民出版社，2000：6.
② 迈克尔·波兰尼. 个人知识[M]. 许泽民译. 贵阳：贵州人民出版社，2000：79-80.
③ 迈克尔·波兰尼. 个人知识[M]. 许泽民译. 贵阳：贵州人民出版社，2000：81.
④ 荀渊. 教师教学技能研究[J]. 上海教育科研，2004（8）：19-20.

赖于作出这一行为的人的自我满足感。它可以被重复、被改进或被取消，但不能像一个关于事实的陈述被测试和被说成真实的那样被测试或被说成是真实的。"[1]隐性知识之所以隐性，是因为它看不见、摸不着，只有个体在实践与反思中"悟""领会"，才能逐渐形成。

2）在实践、反思中优化、积累隐性知识。支配教学技能发生的隐性知识，特别是"不知也不能言"的隐性知识，通过观察与言说是无法捕捉到的。它内隐于通过体现教学技能的教学行为中，教师在"做"的过程中可以"悟"到其存在，加上主体的反思和修正教学行为，可以积累和优化隐性知识，进而提升教学技能。

综上所述，虽然"教学技能"是一个大家比较熟悉的概念，这一领域也是教师教育关注的重点，但教学技能的属性不清晰、分类依据混乱、分类模糊等严重制约了教师教学技能的提升与训练。波兰尼的个人知识观可以恰当地认识和理解教学技能的属性，特别是对其知识结构的科学解释，这为教师提升教学技能提供了充足的理论依据。

---

[1] 迈克尔·波兰尼. 个人知识[M]. 许泽民译. 贵阳：贵州人民出版社，2000：388.

第三章

课堂教学切片诊断概述

第二章

栄養キネティクスの研究方法

第一节　课堂教学切片诊断开发的背景与阶段

课堂教学切片诊断是笔者原创的理论，也是原创的概念，它起始于 2009 年与一所中学的合作研究。

一、2009 年，提出"基于视频的教学技能训练"

听评课是中小学最常见的校本研究活动，笔者首先走进的是中学听评课现场。2009 年，笔者在第一次走进学校协助校长开展并提升中学校本教研质量时就发现，中小学的听评课存在评价随意、结论不科学、没有说服力等现象。因为要及时向全体老师汇报发现的教学问题，进而进行优化，笔者每月面向全体老师进行现场"评课"。为了提高说服力，实现以实事说话，笔者以被评价教师的上课视频作为评价材料，评价导入就截取导入视频边播放边评价；评价提问就截取提问视频边播放边评价。这就是"课堂教学切片诊断"的雏形，当时起名为"基于视频的教学技能训练"[①]。当时，笔者把其定位在"视频培训"，并认为这是深入认识课堂教学微观层面的有效手段，能够协助教师观察和反思自身的教学，加深教师对教学过程的认识，以修正或避免不正确的教学行为。

"基于视频的教学技能训练"是利用微格教学的原理，在校本研究中以参与教师自身的教学录像视频为研究材料，以视频为媒介，以"优秀"的教学技能标准去反思、优化教师的常态教学行为，从而达到提升教师教学设计能力并实

---

① 魏宏聚，孙海峰. 教学技能视频训练的内涵、原理与步骤[J]. 教育理论与实践，2015（2）：53-55.

现高效课堂的一种研究方法。

2009年的"基于视频的教学技能训练"是课堂教学切片诊断的雏形，这种训练以评课时的"有力、事实说话"为目的，以提升教师教学设计能力为追求。它为课堂教学切片诊断奠定了基础，提出了切片诊断的基本问题。

（一）以行为主义为理论依据

从教学技能提升的角度来看，行为主义是其理论依据。心理学认为，只有外在的、可以观察的行为才是可被观察、研究和把握的。人的行为与外部刺激是直接联结的，可以通过改变外部刺激来塑造人的行为。借鉴到教师教育领域，我们可以认为：第一，教学是一个可观察的行为系列，教师行为既是有联系的，又是可被分解的，有效的教学是"普遍有效"的教学行为的组合与排列；第二，可以通过优化、强化教师的行为来塑造教师的行为，从而打造合格的教师。

（二）微格教学训练与"基于视频的教学技能训练"的异同

微格教学训练是最早用视频对职前教师教学技能进行训练的方法，同"基于视频的教学技能训练"有类似的地方，但二者仍有较大差异（表3-1）。

表3-1 微格教学与"基于视频的教学技能训练"的区别

比较项	培训对象	设备要求	训练步骤	研究对象
微格教学	职前	复杂、昂贵	反复设计、实践体现某一教学技能的教学片断，复杂、刻板	独立地体现某一教学技能的教学片断
"基于视频的教学技能训练"	职后	简单、便宜	按教学技能形成的原理，灵活分步进行	常态教学的片断分解

从校本研究的角度来看，"基于视频的教学技能训练"作为一种适切中小学教师采用的教学技能提升方法，是微格教学所不能比的。

（三）中小学课堂教学中最基本的教学技能是什么

与这一问题紧密相关联的问题是：什么样的技能在课堂教学训练中有效？

由于教学技能的分类不同，教学训练的主题就不一样。比如，有学者提出，教学技能有如下分类或主题：教师应对突发事件的能力、教学进度安排的能力、驾驭课堂的能力、语言感染力、板书技能等。这种从教师、学生及教师与学生互动三个维度进行教学设计的划分，表面上看比较周延、全面，但其内涵与外延相互交叉，从教学实践的角度看，无法操作，不具有实践性。[①]比如，教师的教与学生的学是同时发生的，或同一个教学活动既包括教师的教，也包括学生的学，还包括二者的互动。这种看起来比较科学的教学设计主题的划分实际上也有其不科学之处。在提出"基于视频的教学技能训练"时，基于长期的课堂观察实践，按照教学流程，根据真实的教学实践，本书划分了11项核心教学技能（图2-1）。

上述中小学教学技能是按照两条线索进行划分的：一是中小学的课堂教学流程，二是教学设计的角度。它不仅具有系统性，包括整节课的教学设计活动，还具有可操作性，每一教学设计活动都是相对独立的，是可以被单独设计的。这一教学设计主题的划分与"课堂教学切片诊断"概念明确后的教学设计主题仍有区别，但其依据的划分角度一样，后者的教学主题划分更全面、更科学。

（四）教学技能的标准是什么

所谓教学技能的标准，是指教学设计主题的规范性原则，是教师开展教学活动的理论依据。这些标准或原则可以从两个角度或途径获取，一是专业的学术途径，二是实践途径。所谓专业的学术途径，是指从专业的学术文献中获取何为某一教学技能"好"的标准。这一途径相对容易，但其缺点也是明显的。通过这一途径获取的教学技能"好"的标准，抽象、形而上的特征明显，缺乏操作性，因此这一途径对中小学教师而言意义不大。所谓实践途径，是指从一线教师常态教学中获取能体现某一技能的优秀教学片断，运用归纳法总结出优秀的标准。这一途径获取优秀标准的最大优势是直观、具有说服力，因此更具

---

① 杨闻闻. 基于Web的课堂教学视频分析与诊断系统的设计与实现[D]. 华中师范大学硕士学位论文，2011.

有实践性和操作性，易被一线教师采用。这时，课堂教学切片诊断的雏形已形成，但其还没有上升到教学经验归纳的高度。

二、2016年，"课堂教学切片诊断"概念的提出

2016年，在整理反思研究实践的过程中，笔者认为"基于视频的教学技能训练"作为教学研究理念不够精练，也不能准确地表达自己的研究初衷与研究现状，更不能准确表述其实践操作特点，由此提出"课堂教学切片诊断"这一概念。在刚提出这一概念时，笔者只是觉得它形象、生动，没有考虑它的理论依据，也没有考虑它促进基础教育发展的原理。它的原理、操作程序及理论依据是在研究过程中逐步完善的，属于行动研究的范畴。提出这一概念，对笔者最大的启发来自湖南长沙老粮仓镇中心小学的做法。

人们每天起床后都会照镜子，看看自己的仪容是否整洁、美丽，这就有了"照镜子"这一日常生活行为。在教育教学中，教师能否通过观照自己的教育教学行为来检查自己的教学方法的优与劣、高与低呢？教师从人们照镜子的生活方式中受到启发，产生了"镜面反思"的教研思路。他们关于"镜面反思"的做法给教学技能视频训练、课堂教学切片诊断带来较多启示。

第一，树镜子。"树镜子"是指教师展示自己最成功的课，要求每个学期，每位教师都要推出两堂以上的公开课，对教师树镜子，并进行全程录像。"公开课—课堂录像—刻录光盘"三个程序完成，标志着课堂教学镜子的树立。学校和教师自己共同树立的课堂教学镜子，为学校课堂教学积累了大量的共用资源。

第二，镜头记录。课堂教学光盘刻录出来后，学校要求教师根据光盘记录的内容，写出"课堂教学实录"。教师通过文字记录课堂教学流程，可以发挥三个作用：一是回顾教学过程，让教师复盘课堂；二是初步总结，教师在整理课堂教学实录的过程中对自己的教学进行反思；三是提升教师的语言表达水平。

第三，自照镜子。学校要求教师反复观看自己的教学光盘，总结教学过程中的"得"与"失"。教师在总结自己教学"得"与"失"的过程中，主要评价

两个方面的内容：一是对精彩片断的反思；二是对问题片断的反思。在反思的过程中，既有表述片断内容，也有根据片断内容进行理性的升华。

第四，互照镜子。如某一位教师的课堂教学光盘刻录出来后，学校以教研组为单位观看教学光盘。这就是"互照镜子"。"互照镜子"有两个途径：一是"单一"照，即对一个教师的课堂教学光盘进行点评；二是"比较照"，即把多个教学光盘进行对比。在"互照镜子"的过程中，学校开设了两个反思栏目：一是同伴反思精彩教学片断；二是同伴反思问题教学片断。[①]

这一案例给笔者当时做的"基于视频的教学技能训练"带来极大启发：一是可以利用教学视频进行各种各样的校本教研，教学视频是教学反思、教师专业成长的重要载体，国内已有同行在尝试；二是可以利用教学片断开展多路径的教师专业成长活动。笔者在面向合作学校全体教师的教学诊断中一直利用教学片断进行分析，比如，笔者在指出某老师导入设计不理想时播放该导入教学实录片断，在指出某老师小组合作优秀时播放该小组合作教学片断，都获得了较好的教学效果。大家都觉得这样诊断课堂生动、具体、有说服力，并且特别真实，评价对象就是天天相处的教学同伴。2009—2016年，笔者一直利用教学视频片断培训和提升教师的教学设计能力。2016年暑假，在进行教学研究反思的过程中，笔者正式提出"课堂教学切片诊断"这一概念。

三、课堂教学切片诊断实践探索的阶段

课堂教学切片诊断理论从无到有再到目前的河南省全省推广应用，经历了三个阶段。

（一）自下而上地探索（2009—2016年）

课堂教学切片诊断创生于2009年与郑州市某高中的合作研究，在此次合作中，笔者提出了教学诊断理论——"基于视频的教学技能训练"，这是课堂教学切片诊断的雏形。

[①] 魏宏聚，孙海峰. 教学技能视频训练的内涵、原理与步骤[J]. 教育理论与实践，2015（2）：53-55.

（二）自上而下地推广（2016—2020 年）

2016 年"课堂教学切片诊断"这一笔者原创的概念正式提出前，已形成了关于教学切片诊断相对完善的理论体系与操作步骤。在这一概念正式提出后，研究团队就开始了自上而下的推广工作，开展以"课堂教学切片诊断"为主体的县、校区域校本教研工作。自上而下地推广应用有两个平台：一是以县教育局为平台，如以濮阳市濮阳县教育局为平台在全县的实施；二是以师范院校为平台，如以周口师范学院为平台在周口川汇区推广应用。

研究团队在这两个县、区推广实施"课堂教学切片诊断"五年，每两周开展一次研究活动，或走进学校听评课，或就课例做切片分析报告，研究团队在两地分别做了八十余场学术报告，每年数以万计的师生受益，引领了全县、区教师的专业成长，产生了良好的社会效益。在这一阶段，"课堂教学切片诊断"系列成果获得了 2018 年国家教学成果奖二等奖（基础教育类），该成果逐渐被实践界和学术界接受与认可。2019 年前，"课堂教学切片诊断"一直是民间运用的一个教学观察术语，学术文章中出现的"课堂教学切片诊断"概念要么是笔者团队成员借用，要么是笔者的学生借用。2019 年，笔者第一篇正式介绍课堂教学切片诊断的学术文章"教学切片分析：课堂诊断的新视角"，发表于《教育科学研究》2019 年第 2 期，"课堂教学切片诊断"这一术语正式走进学术圈。

（三）上下结合，省级教育行政力量介入的大规模推广（2021 年至今）

这一阶段，既有持续的自下而上的实践探索，课堂教学切片诊断理论进一步完善，又探索了大学与中小学"理论创生"合作模式，以省级教研部门为平台，面向河南全省大规模地推广应用课堂教学切片诊断理论。2021 年 9 月 28 日，河南省基础教育教学研究室与河南大学教育学部联合成立"河南省课堂教学研究中心"，采纳创生的理论成果——课堂教学切片诊断，面向全省推广应用，这标志着课堂教学切片诊断正式被实践界接纳、认可。从高等教育的角度来看，课堂教学切片诊断属于大学与中小学校合作研究的成果，属于一种典型的大学与中小学校的合作模式——自下而上的合作模式。这一合作模式的机制、原理将是今后研究团队重点探索的内容。

第二节　课堂教学切片诊断的内涵与程序

听评课，也称课堂观察或教学诊断，是中小学最为常见的教学研究形式，也是促进基础教育发展的关键路径。但由于传统课堂教学诊断的方法不科学，中小学教师也缺乏相应的引导，导致传统的课堂教学诊断难以达到预期目的。亟待开发出一种适合中小学的课堂教学诊断方法，它应具有如下特点：①科学性。它应符合科学研究的一般特质，应能对教学活动的优缺点准确诊断。②适切性。课堂教学活动具有科学性与艺术性的双重属性，它必须准确诊断这两个属性。③简单的操作程序。校本教研是以一线教师为主体的常态化教学研究活动，该方法必须能让一线中小学教师掌握，能以中小学教师为主体开展研究。

一、课堂教学切片诊断的内涵

课堂教学切片诊断就是以教学录像为分析载体，截取教学录像中的典型教学片断，提取其中教师的教学操作策略，即支配教学行为发生的教学经验、生成教学设计原理的过程。这一过程旨在帮助教师实现隐性教学知识显性化，并生成教学实践性知识。

教学切片分析是一种崭新的课堂研究方法，它采集信息的手段超越了传统的听评课，以录像及自然观察相结合的方式，全息化地描述教师的教学行为，以确保教学研究的准确、真实与生动。它以归纳法生成教学设计原理，克服了传统听评课"就课说课"的弊端，可以有效地促进教师的专业成长。教学切片分析可以"为教师提供正确、有效的反思方法和途径，对正确看待自己的教育实践活动具有显著的帮助和引导作用，做到客观、科学、全面且准确地评价课堂教学"[①]。作为一种课堂研究方法，其所有工作都围绕"教学切片"展开，因

---

① 梅星星. 基于切片技术的课堂教学视频评价系统的分析与设计[D]. 上海师范大学硕士学位论文，2014.

此教学切片的获取与分析是整个研究方法的关键。

何为教学切片？"切片"这一概念来自生物学、医学领域，它是将被观察对象放大再聚焦，利用光学显微镜或电子显微镜观察的动植物组织薄片，属于生物学或医学中的标本。在教学研究领域，为了让教师的课堂教学获得更加客观、科学、真实的评价，教育研究人员引进"切片"这一概念用于课堂观察。教学切片将视频技术运用于教学研究领域，本质上也是为了放大再聚焦教师的教学行为，将其作为观察研究的对象。教学切片在教育技术领域与在本书中的内涵、制作方法及价值不同。

1. 自动切片

教育技术领域的自动切片是将整节课的视频文件切分成若干小段，其目的是方便存储、分发与播放，可以由软件对视频进行切割。这种切片是若干小的、真实的物理实体。

2. 逻辑切片

教育技术领域还有一种切片叫逻辑切片。所谓逻辑切片，并非将视频切割为若干小的、真实的物理实体，而是利用视频中的关键帧在时间序列上插入提示点进行的逻辑划分[1]，便于浏览者快速地找到此处。

3. 教学设计切片

教学设计切片是"课堂教学切片诊断"中的切片，以教学设计为单元对教学视频进行切割，如导入切片、提问切片、小组合作切片等。该教学设计活动应具有典型性，即特别优秀或特别差的活动片断。它具有如下特征：①便于携带与传递，具有教育技术领域切片的特征，是短小的教学设计活动片断；②以教学设计为单元进行的切割，呈现了完整的教学设计经验；③内蕴的教学经验极有价值，它是教师多年的实践经验，既有教学智慧，也有较具代表性的错误经验；④全息化地记录了教学活动，实现了教学情境的再现，为分析、反思提供了良好的载体。

---

[1] 梅星星. 基于切片技术的课堂教学视频评价系统的分析与设计[D]. 上海师范大学硕士学位论文，2014.

简言之，课堂教学切片诊断就是寻找教学切片、提取教学切片所内蕴的教学经验或实践性知识、生成实践性教学理论的过程。

二、课堂教学切片诊断的程序

课堂教学切片诊断就是提炼教学行为中的个人经验或个人知识，其程序就是按照个人经验的内涵进行的。何为教学经验？教学经验是教师面临一类教学情境所采取的教学措施，简化为"一类问题的一贯做法"。按照经验的定义，课堂教学切片诊断的思维过程如图 3-1 所示。

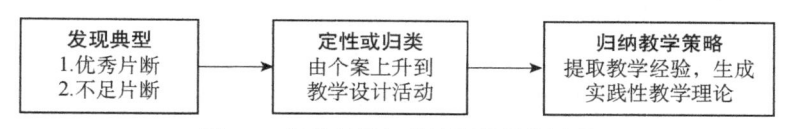

```
发现典型              定性或归类            归纳教学策略
1.优秀片断    →      由个案上升到    →    提取教学经验，生成
2.不足片断            教学设计活动          实践性教学理论
```

图 3-1　课堂教学切片诊断的思维过程

上述思维过程是课堂教学切片诊断对一个教学设计活动的思维过程，同时也是人们认识某一事物的思维过程。在观察到某一教学活动时，科学的思维方式是什么呢？要回答三个问题：为什么、是什么及怎么办。

1. 选取典型的教学活动："为什么"

"为什么"，就是为什么要选择典型活动作为研究对象。传统的教学诊断是无目的、无方向的诊断，存在重听轻评、敷衍了事、平淡肤浅、面面俱到的现象，对于评什么，通常无方向。

那么在进行课堂教学切片诊断时，应选择什么样的教学活动作为诊断对象呢？是不是所有教学设计活动都可以作为诊断对象呢？不是的，课堂教学切片诊断只选取典型的教学活动作为诊断对象。为什么呢？这一问题本质上是在分析什么教学活动能促进教学的改进。一节完整的"课"——课堂教学活动是由系列达成目标的教学设计活动组成的，我们究竟分析什么教学活动呢？无论是基于科学的教学诊断还是基于日常的教学诊断实践，教学诊断并非对一节课的所有教学活动进行诊断。基于实践取向（即教学改进）的教学诊断追求，要分析两类典型教学设计活动——典型的优秀教学活动和典型的不足教学活动。教师的教学活动呈现了教师的教学设计经验，典型的优秀教学活动承载着教师的优秀教学经验，即教学智慧，需要对其进行提炼和归纳，使其由个体经验转化为公共经验，以促进更多教师提升教学设计能力。典型不足的教学活动反映了教师典型的不足教学设计经验，对其进行纠正、优化将有针对性地提升教师的教学设计能力，促进教学有效性的达成及教师专业化发展水平的提升。

典型的教学设计活动是观察者在观课过程中发现的优秀或不足的教学活动，在观察者的思维中，实际上进行了这个教学活动为何典型的思考，即思考了"为什么"的问题，紧接着是判断它"是什么"。

2. 判断典型活动："是什么"

人们通过观察认识事物做出判断，所观察的事物"是什么"，这是准确判断的前提与基础。"是什么"是判断所要分析的教学活动片断属于何类教学设计，这一步被称为"定性"，它是后续分析的出发点，是基于教学设计原理分析的出发点。就课堂教学活动的诊断而言，传统的听评课也判断"是什么"，但这个"是什么"是"就课说课"的"是什么"，没有站在教学设计的角度判断"是什么"，因此这样的判断是不准确的，导致其结论是"就课评课"。这也是一些学者指出的传统听评课"去专业化"的症结所在。比如，有这样的诊断场景：在某节课的小组合作学习活动中，教师在成果展示环节提问了一次就结束了合作学习。某教师是这样点评的："这节课小组合作学习不理想，合作成果展示仅提问了一次，太少了。"这样的点评或诊断就是典型的"就课评课"，被评价的教师会产生疑问："我提问一次太少了，那提问多少次是合适的？为何要提问这么多次呢？"这些疑问如果在评课时解决不了，对执教者之后课堂小组合作活动的改进没有意义。这种课堂教学诊断方式就是"去专业化"的诊断，是基于经验的诊断。基于教学设计的角度进行分析应是这样的："小组合作成果展示环节应体现全员性原则，就是让尽可能多的小组或小组成员参与其中，以确保全体成员的成果得到展示。这节课的成果展示环节，执教老师只提问了一个小组的一名同学，不能使全体小组成果得到展示。"

总之，传统的课堂教学诊断对于"提问一次"现象的定性是"小组合作成果展示环节提问次数太少",而基于教学设计角度的定性则是"小组合作成果展示全员性不足"。课堂教学诊断的定性本质上是基于教学设计原理的分析,即判断所诊断的教学活动属于哪种教学设计,为后续基于教学设计原理的分析奠定基础。从教学设计角度判断某一活动"是什么",其定性的意义在于:①站在教学设计角度分析被观察的教学活动,便于聚焦,是从整体中选取部分进行分析。同时,截取部分分析也符合教学设计的本质,因为教学活动就是教师基于教学目的而设计的一系列教学设计活动的集合,因此在诊断一节课时,提取某一活动聚焦分析。②站在教学设计角度分析是基于教学设计原理的分析,而不是基于某节课的分析,避免了"就课评课",为教师改进此类活动奠定了基础。而传统的教学诊断分析某节课的某活动该如何开展,对教师改进此类教学设计活动意义不大。

3. 归纳教学设计经验:"怎么办"(正向归纳与反向归纳)

实践取向的教学诊断必须以改进教学、提升教师教学设计能力为指向。教学行为的发生受教学经验支配,可以直接优化教学经验,进而实现教学行为的优化。因此,对教学活动的诊断重在提取教学经验。提取教学经验采用的是归纳法,归纳法分为正向归纳与反向归纳。正向归纳是指直接提取教学策略,比如,教学活动中教师提问多人,甚至涵盖全体教师,正向归纳使该提问具有"全员性"。何为反向归纳?反向归纳是一种逆向思维,比如教师提问人数过少,反向思维是教师要提问多人。反向归纳举例:某数学老师上课开展探究活动,该活动不具有探究的特点,教学效果不理想,先归纳出不理想的操作,然后反向归纳出理想的操作,如图 3-2 所示。

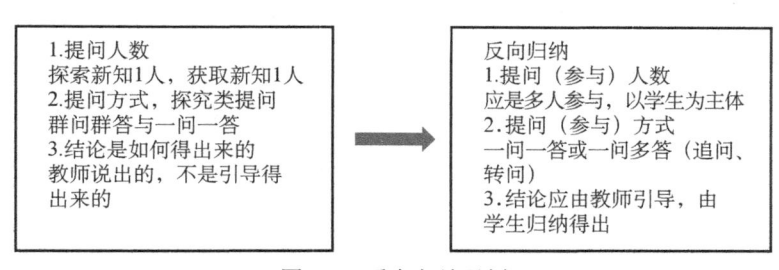

```
1.提问人数                          反向归纳
探索新知1人,获取新知1人            1.提问(参与)人数
2.提问方式,探究类提问       →      应是多人参与,以学生为主体
群问群答与一问一答                  2.提问(参与)方式
3.结论是如何得出来的                一问一答或一问多答(追问、
教师说出的,不是引导得              转问)
出来的                              3.结论应由教师引导,由
                                    学生归纳得出
```

图 3-2 反向归纳示例

提取优秀教学活动的经验是以正向归纳的方式，按照"效果-手段"的结构进行的；在观察到典型的不足教学活动时，要采用反向归纳法，也按照"效果-手段"的结构提取经验。归纳的结果是生成实践性教学理论，本质上是教学经验的概念化。这些实践性教学理论具有很强的操作性，它告诉一线教师如何实施教学活动和提升教学设计能力，最终实现有效教学。

总之，课堂教学切片诊断在诊断教学活动时分为三步：第一步，发现典型，即选取值得分析的教学活动，既选取了典型，思维上也解释了为何典型，属于认识事物方面的"为什么"的问题。传统听评课在判断典型活动方面往往依据个人经验来进行，个人认识不科学或不完善会导致典型判断错误。课堂教学切片诊断中的"发现典型"往往基于标准进行判断。第二步是判断"是什么"的问题，把典型教学活动上升到教学设计的高度，超越了传统的"就课评课"的不足，是站在教学设计的角度来诊断教学活动。第三步是提取教学实施策略生成实践性教学理论，这一步骤解决了"怎么办"的问题。

上述三个步骤是课堂教学切片诊断对教学活动的分析过程，也是科学认识一个事物的三个步骤。如果以课堂教学切片诊断作为校本研究的方法，其实施过程需要考虑校本研究的属性与特点。校本研究实施切片诊断，其过程就是分工寻找教学切片，制作并展示切片分析报告的过程。在经过多年实践后，从学校管理、组织的视角以及集体教研的视角来看，课堂教学切片诊断程序如下。

第一步：听评课，选取切点，分工，初步切片。这一环节就是集体听评课，选取要分析的典型教学活动，然后分工课下截取切片，这在第一周集体教研活动时完成。

在听评课时，以人工观察与录像观察两种方式进行课堂观察。在听课的过程中，每位听课教师凭借个人的理解、经验，以人工的方式记录下需要分析的教学行为（即"切片"），比如某一节课中值得分析的教学行为有情境创设、小组合作等，那么观察者就需要记录这些教学行为的发生过程、操作步骤及典型效果等，这属于诊断者意识上的切片，即初步切片。在课后评课时，由教研组长带领大家各抒己见，发表对教学活动的看法，并达成共识，即这节课有多少教学活动值得制作切片；然后分工，由负责某一教学设计主题的教师在课后对整节课的教学录像截取片断制作教学切片。

课堂教学切片诊断对课堂观察手段及评课方面进行了改进。

1）课堂观察手段。传统的课堂研究往往是听课者凭借一支笔、一个记录本，以及自己的理解与经验记录信息，这种记录也被称为田野笔记。它的优点是重点突出、可以选择性地记录而克服机械分析的局限性。但由于课堂教学的不可逆性，人工记录往往因时间紧迫而可能遗漏掉有价值的信息。作为一种课堂观察（研究）方法，教学切片课堂分析是在人工定性观察的基础上，借助录像观察，对一节课堂的教学进行分解与诊断。在制作切片的过程中，教师可以借助录像反复观看教学视频并进行准确分析，克服了人工记录信息不全、不能重复的缺点。教学切片分析采用录像记录与人工记录相结合的方式，在教学现场由人工记录有分析价值的信息或框架，课后结合教学录像进行详细、有针对性的分析。

2）基于标准的评课或归纳意识的评课。虽然课堂教学切片诊断的第一步仍是课后听评课，但这一听评课活动区别于传统听评课的自由发言，体现了两种意识——基于标准评价的意识和归纳教学设计经验的意识。基于标准的评课，本质上以教学设计原理诊断案例，是应用教学设计原理的过程。归纳意识的评课，是通过案例分析提出教学设计原理的过程。这两种评课都是教学设计原理运用的过程，是内化为教师教学设计素质的过程（详见"课堂教学诊断中的两种思维方式"）。

第一，基于标准的评课。在实施教学切片诊断的学校，都是经过教学设计原理及切片诊断原理培训的学校，教师掌握了11项核心教学技能的原理，即掌握了教学设计的标准，就可以实施基于标准的教学评价。11项教学设计主题涵盖一节课的核心设计，包括教学目标设计、导入情境设计（也称导入设计）、教学目标出示设计、有效提问设计、探究教学设计、教学生成应对设计、小组合作设计、教学结构设计、教学过渡设计、板书设计、结尾设计。这些教学设计主题涵盖课堂教学的基本教学设计，贯穿一节课的始终，是公共教学设计活动，且不分学科、不分年级，覆盖面广，是中小学常用的教学设计。

第二，归纳意识的评课。归纳意识的评课是归纳教学设计经验的评课，是"基于标准评课"的逆向思维，是在评价过程中，逐步提取教学设计活动中的经验，最后生成教学设计原理。

典型的优秀片断也就是优秀的教学设计片断，它代表了一线教师长期的实践经验，这些经验经过分析、归纳与提升，就能生成具有实践价值的教学理论。这类理论具有特殊性，以经验为主，具有很强的操作性与实践性。总结这些优秀经验，对于优秀教师本人来说是一种强化，使其无意识的经验转化为有意识的经验；对于其他教师而言，这些优秀经验则由优秀教师的个人知识转化为大众的公共知识，对更多的人有借鉴价值。

典型的不足片断代表了某一类典型的教学设计，它呈现的"问题"可能具有普遍性与代表性。分析这类典型教学片断对提高执教者的教学设计素质和教学有效性具有重要意义。

无论是基于标准的评课还是归纳意识的评课，都是针对某一教学活动分析的思维方式，其目的是引领中小学一线教师运用教学设计原理分析案例，这是把原理内化为教师专业素质的过程。

第二步：展示教学切片及切片分析报告。

这一步在第二周集体教研活动时完成。展示切片及切片分析报告也是一线教师掌握、运用教学理论的过程。

1）展示切片。展示切片是基于标准的评课，也是深度的课堂教学研究。教师在截取片断后，可以对其进行深度分析与反思。针对一节课，首先把这节课中有教育价值的教学细节、行为进行充分展示。深度课堂研究的主体既可以是教研人员，也可以是执教者本人。以执教者本人为例，执教者通过观看自己的教学实录及切片，发现自己在教学中的优缺点，如教学重难点处理、师生互动中的优缺点等，以及自己语言上的优缺点及下意识的动作、表现等。"这对于教师们反复研究自己的'课堂切片'能起到说教、报告、培训等无法取代的作用。"①

---

① 杨荧杰，苏仕艳．"课堂切片"助推教师成长——例谈我的一堂国家级观摩课[J]．科学大众（科学教育），2012（2）：37．

2）展示切片分析报告。切片即体现某一教学设计主题的教学案例，当教学案例积累到两个及以上时，就可以制作成切片分析报告。切片分析报告即以案例为载体，讲述某一教学设计原理。

展示切片分析报告以一线教师为主体，以同事或自己的课例切片为主，论述一个教学设计主题。切片分析报告主题分为两大类：一类是公共教学设计主题，如导入设计、教学目标出示设计等，这类教学设计主题是不分学科、学段的教学设计主题；另一类是学科教学设计主题，即具有学科特殊性的教学设计主题。公共教学设计主题是学科组每位教师必须掌握的，因此每位教师都必须制作。学科教学设计主题是深入专业，对学科教学设计活动原理的分析，学科教师应根据案例，基于自身的兴趣，有选择地进行切片分析报告的制作。切片分析报告以 PPT 的形式在集体教研活动时呈现。它本质上是以案例的方式陈述教学设计原理。通过制作与陈述切片分析报告，教师既理解与掌握了教学设计原理，也提升了自己的研究素养，是研究型教师成长的过程。图 3-3 是切片分析报告提纲示例。

```
切片分析报告提纲
一、该教学设计的定义，现状或意义
二、呈现切片标准（已知标准）
    标准 1
    标准 2
三、呈现案例，印证解释或归纳标准（切片）
    呈现案例 1，印证解释标准（内容与结构）
    呈现案例 2（内容与结构），印证解释标准
四、总结归纳教学设计的原理
```

图 3-3　切片分析报告提纲示例

一个完整的切片诊断过程通常需要两周时间，这是经过多年实践逐步完善的校本教研流程。这一过程的改进以中小学校的实践特点及可操作性为原则，目前在实践中取得了良好的效果。

三、课堂教学切片诊断超越传统课堂研究方法的意义

课堂教学切片诊断是从中小学校校本研究的需要出发，针对传统听评课的不足，基于教育研究的一般思维，在长期观课实践中探索出来的听评课方法。在课堂教学切片诊断的过程中有三个问题需要明确。

第一，课堂教学切片诊断中的思维方式与操作。切片诊断是兼顾了一般意义的教育研究与特殊场域中的研究——校本研究的双重特点而开发出来的，所以，它在中小学校具有较强的实践意义与实施潜力。

第二，课堂教学切片诊断中的教与学问题。课堂教学切片诊断是研究教学设计的观评课方法，它站在教师"教"的角度对课堂教学活动进行判断。但这并不意味着它不关注学生的"学"。因为"教与学"是同一个教学活动的两个方面，教的效果好坏在一定程度上意味着学的效果好坏。在选择典型活动时，就是以学的效果来判断是否典型。总之，切片诊断从教的角度关注了"教与学"。

第三，课堂教学切片诊断中的整体与部分问题。课堂教学是一个整体的教学活动，各部分是紧密联系的。课堂教学切片诊断是对教学的分解诊断，它的分解是为聚焦某一设计活动而进行的。在进行切片诊断时，是从整体的视角分析部分，比如从整节课的教学目标预设来判断部分目标达成的效果。因此，切片诊断绝不是只对部分的诊断而忽视整体，只不过是以一个分析切入点为抓手。其实在人们认识某一事物时也是从细节、部分的认识逐渐扩展到对整体的认识的。人们对一节课的诊断也是分部分进行的，比如诊断教学目标设计、导入情境设计、有效提问设计等，这是意识上的切片，是从整体中聚焦部分的诊断。切片诊断不仅从意识上对教学进行诊断，而且是对教学实践真实地分解诊断。在对某一教学切片进行分析时，是站在整节课的角度进行诊断，并非孤立地进行诊断。

作为一种课堂研究方法，课堂教学切片诊断是对传统及当前课堂研究方法的继承与创新，这些继承与创新体现在以下几个方面。

1. 课堂教学切片诊断融合了定性与定量课堂研究的优点

"定性课堂观察的记录方式从本质上来看，主要就是田野笔记（实地笔

记），对田野笔记所记录的大量原始文字资料的分析方法不同于对数据的分析方法，但也有一定的规律可循。"[1]从这个角度来看，传统的中小学课堂研究主要是定性研究，观察者依靠眼、耳等感官记录课堂上的教学信息。这种研究最大的不足是记录缺乏客观依据，经验性、主观性强，其次是易遗漏信息且难以回忆。其优点是可以有选择地记录有价值的信息，避免定量研究的机械、烦琐。定量研究是基于实证主义的方法论展开的研究，当前主要依靠特制量表进行观察。其优点是相对客观量化，避免经验与主观性；其不足是需要专业训练，且操作复杂。在现实课堂研究中，除了专业研究者采用定量研究外，中小学校基本不采用定量研究。

课堂教学切片诊断记录信息的方法为田野记录及录像观察相结合，分析框架为田野记录确定了基本的分析主题，田野记录选取的典型的教学行为又为录像切片指明了对象，研究者对教学切片可以反复、细致地进行诊断，既可以进行定性诊断，又可以进行定量统计，因此课堂教学切片诊断是定性诊断与定量诊断的结合。

2. 课堂教学切片诊断创造性地改造了传统的微格训练

课堂教学切片诊断可被理解为视频训练。对于视频训练（即利用教学视频案例对教师进行培训），学术界与实践界并不陌生。在国外，它的前身是课堂教学录像分析研究，比如众所周知的微格教学就是典型的视频培训。微格教学就是对微小教学片断的研究。从这个角度而言，课堂教学切片诊断与之统一，也是对微小教学片断的研究。但不同的是，微格教学的训练是自上而下的，即先由专家预设某个教学主题，然后教师按照要求设计某个教学片断并进行实践，最后专家对此提出意见，反复循环训练，直到满意为止。这一训练模式在当前中小学校是无法实现的，一是因为教师没有专门时间进行主题鲜明的录像；二是因为微格教学对设备要求较高，许多中小学校无法满足设备要求。课堂教学切片诊断则对此进行了改进：①切片来源于教师的常态教学录像，不需要专门准备录像课。对于一线中小学教师而言，上课是其主业，因此，对这些教学现

---

[1] 陈瑶. 课堂观察方法之研究[D]. 华东师范大学硕士学位论文，2000.

场进行录像分析，资源丰富且没有增加他们的工作负担，具有可操作性。②课堂教学切片诊断所用的工具简单，可分为两类：一类是硬件设备，通常一个便携式录像机即可，其价格低，中小学校都可以购置；另一类是软件，比如视频剪辑、整合与转换软件，这些软件应用广泛、免费使用且操作简单。

3. 课堂教学切片诊断具有强大的团体校本研究潜能

所谓团体校本研究，就是以学校或学科为单位进行大范围的研究活动，这一特点使其超越了一般意义上的课堂观察。一般意义上的课堂观察通常以一节课为分析对象，对其进行诊断，以优化教师的教学设计和教学效果。课堂教学切片诊断不仅仅是对一节课的课堂观察，它有多种研究视角，可以以学校或学科为单位大范围地开展课堂研究，这是一般意义上的课堂研究方法所不具备的。下面提供三个维度开展以校为单位的校本研究。①

1）以某一课堂为对象，进行整节课的切片研究，即单独分析某一节蕴含某一或某些教学技能的典型课堂教学。通过对这些典型的教学设计片断的分析，让执教者及参与培训的教师明白何为好的教学技能，归纳出该教学技能在课堂教学中设计的要点及易出现的问题。

2）以某一教学技能为线索，对多位教师的多节课进行研究，即可以就某一教学技能对多节课堂的教学录像片断或多位教师的教学设计片断进行综合和比较研究。由于其横跨多个课堂、多种教学内容，因此研究结果更全面、更具有说服力。

3）以某一教师的优秀教学技能为线索，进行多节课的研究。某位教师的教学效果良好，从教学设计的角度来看，一定是其某一或某些教学设计技能比较优秀、经典，并且经常在课堂上呈现，因此可以对体现这一教学技能的多节教学视频进行分析、归纳，总结其特点、规律，以互相借鉴和学习。

综上所述，课堂教学切片诊断是研究者在长期的一线教学研究中摸索出来的一种课堂研究方法。它既充分利用了视频分析的优势，又对传统微格训练进行了改进，弥补了微格训练的不足，同时还改进了传统经验性课堂观察方法，具有较大的理论与实践价值，但其具体操作程序仍有改进空间。

---

① 魏宏聚，孙海峰. 教学技能视频训练的内涵、原理与步骤[J]. 教育理论与实践，2015（2）：53-55.

第三节　课堂教学切片诊断的校本价值

我国的校本教研来自欧美流行的"校本运动"的影响，但主要的动因是来自我国新课程改革的需要。校本教研有三个核心要素：自我反思、同伴互助、专业引领。这三个要素也可被视为校本教学研究的基本精髓。"有研究者认为，自我反思、同伴互助和专业引领三者具有相对独立性，同时又是相辅相成、相互渗透、相互补充、相互促进的。"[①]校本教研可被理解为"校本教学研究"的简称，它是我国传统教研制度的延续和改造，即俗称的"听评课"制度。

课例研究作为校本教研主题，在顾泠沅等学者的倡导下，逐渐得到认可并在实践中落实。"在中国教育界逐步将课例研究作为校本教研的基本模式的观念转化和实践探索过程中，顾泠沅研究团队起了重要作用。"[②]课例研究一般有三步：一是备课，二是上课，三是评课。这三步是大多数中小学校本教研的基本程序，其中最为核心的是课堂观察与分析（评课），它决定了校本教研的质量。虽然关于课堂观察的方法有较多，特别是在学术领域内有各种各样的教学分析方法，但鲜有适合中小学校教师使用的。这些分析方法要么太复杂、太专业，不适合中小学教师采用；要么分析结论只解决了"是什么"的问题，没有告诉"怎么办"，无法满足中小学教师发展的需要；要么不科学，如传统的定性分析，不符合课堂教学的本质。总之，当前的校本研究存在研究内容空泛化、碎片化、过程的随意化及去专业化现象。相比之下，在实践中探索了十余年的教学分析方法——课堂教学切片诊断则具有校本研究价值。

一、原创、本土教学诊断方法，适合中小学教师采用

"实用主义"一词来源于希腊文 pragma，原意为行动、行为，实用主义者强

---

① 刘良华，谢雅婷. 校本教研在中国的演进[J]. 全球教育展望，2021（11）：3-14.
② 刘良华，谢雅婷. 校本教研在中国的演进[J]. 全球教育展望，2021（11）：3-14.

调行动、实践，他们认为哲学应立足于现实生活之上，主张把确定的信念作为行动的出发点，把获得成效看作生活的最高目标。课堂教学切片诊断就是在中小学校本教研实践中对传统听评课方法进行改进，是以中小学听评课"有效"为价值追求，以中小学教师方便操作为改进指向。经过多年的实践检验，其相关操作程序与理论体系逐渐成熟。比如，以课堂教学切片诊断校本操作程序的开发为例，早期提出的步骤是"两环节三步骤"（图3-4）。

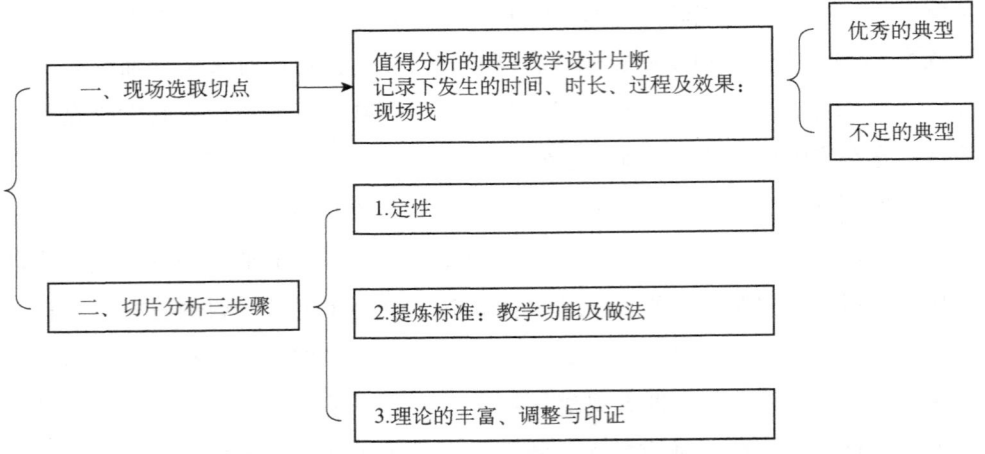

一、现场选取切点
值得分析的典型教学设计片断
记录下发生的时间、时长、过程及效果；
现场找
优秀的典型
不足的典型

二、切片分析三步骤
1. 定性
2. 提炼标准：教学功能及做法
3. 理论的丰富、调整与印证

图 3-4　早期的课堂教学切片诊断步骤——"两环节三步骤"

该操作程序与步骤是对切片诊断实践的提炼，体现了课堂教学切片诊断的本质，具有科学性和一定的操作性。但笔者在之后的操作中发现，该程序没有考虑中小学开展校本教研的特点，从学科组来看，没有明确开展何种活动，环节二只是切片分析的思维过程，不是具体的操作。于是，笔者将其调整为如图3-5所示的步骤。

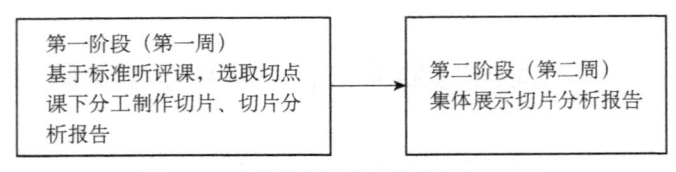

第一阶段（第一周）
基于标准听评课，选取切点
课下分工制作切片、切片分析报告

第二阶段（第二周）
集体展示切片分析报告

图 3-5　目前的课堂教学切片诊断步骤

这一课堂教学切片诊断步骤以周为单位，是站在学科组"工作"的角度进行的划分。当笔者给一线教师讲如何以学科组为单位实施校本教研时，关于这一步骤，他们一听就明白，因此它明显优于图3-4的步骤。

二、具有很强的操作性，适合中小学开展校本教研

课堂教学切片诊断具有很强的操作性，每一步骤的开发都是站在中小学一线教师的角度基于中小学校本教研去规划的。在面向中小学教师讲解课堂教学切片诊断时，笔者往往把抽象理论实践化，把课堂教学切片诊断理论中抽象的学理简化成可操作的步骤。比如，在如何理解"教学经验"这一抽象的概念方面，为使一线教师便于理解，研究团队将其概括为"面对同一教学情境的一贯做法"；在如何提取教学经验方面，研究团队提出按照"效果-操作"结构提取；在学术领域，实践性教学理论的结构是"目的-手段"，为了便于一线教师理解，并且使该理论更接近生活，便于中小学教师采用和以中小学教师为主体实施课堂教学切片诊断，研究团队将不易被理解的术语"目的-手段"转化为"效果-操作"这一术语。相比之下，学术领域的教学视频分析方法相对烦琐、复杂，技术要求更高，通常难以被一线中小学教师采用。

三、弥补了其他诊断方法的不足，具有较强的针对性与实用性

以弗兰德斯师生言语互动系统为代表的教学视频定量诊断方法，依据数据判断教学活动的优劣，只解决了"是什么"的问题。但对于中小学教师而言，他们不仅要知道"是什么"，还要弄明白"为什么"，即教学活动为何优劣，更要弄清楚"怎么办"，从而掌握有效开展该教学设计活动的基本操作原理。课堂教学切片诊断通过提取支配教学行为发生的教学经验，生成教学设计的原理或实践性教学设计理论，可以有针对性地回答教学活动的三个问题：是什么、为什么、怎么办。这或许是课堂教学分析方法群中唯一具有此功能的教学诊断方法。用一线教师的话说，"听完切片诊断，其结论拿来就能用"。

四、课堂教学切片诊断指向中小学校发展的三个关键问题

中小学校发展涉及三个关键问题，分别是教师专业发展、有效教学与校本教研。学校如果采用切片诊断开展校本教研，就可以解决这三个问题，实现学校的整体发展：课堂教学切片诊断按照一定的模式，提取教学活动中的教学经验，生成实践性教学理论，该理论具有明确的操作要求，可以直接拿来对教师进行专业培训，能够缩短教师成长时间；教师在掌握教学设计原理后，可以保证教学的有效性，提升教学的质量；由于切片诊断是作为校本教研方法在校本教研活动时进行，替代了传统低效的听评课，取而代之的是高效、专业、简洁的教学切片分析，实现了校本教研活动质量的提升。

从实施价值来看，课堂教学切片诊断方法作为校本教研的方法或主题，其价值超越了目前的其他教学研究方法，具有很大的校本教研价值。

第四章

多元视角下的课堂教学切片诊断

第 2 章

学校生活에서 適應又
問題 提起

第一节　影像传声视角下的课堂教学切片诊断

影像传声被认为是由卡洛琳（Caroline）和伯里斯（Burris）于 20 世纪 90 年代初创立的。"影像传声是人们通过利用特定的摄影技术和视觉形象的直接性来提供证据，识别、表征、增强自身对社区的理解和认识，承担自身变迁过程的触媒，从而达到参与社会生活并唤醒他们对自身和社区问题的批判意识。"[①]它以被研究对象的影像为研究对象，影像为理解对象的载体，研究者以参与的方式记录、研究被研究对象，以定性诊断的方式解读被研究对象的意义。我们也可以将其应用于传统听评课的改进中。

1) 课堂教学诊断属于对人的诊断，适切的方法应是定性诊断。定量诊断一方面难以全面反映所研究的事实，另一方面也缺少研究中的"人"味。影像传声是典型的定性诊断，教学影像不仅可以有效地承载教学有效性的意义，还可以满足中小学课堂教学诊断的价值追求。

2) 影像传声是参与式研究。课堂教学研究也属于参与式行动研究，研究者与被研究者同属于教学的实践者，对于同一节课，研究者可以站在自己实施的角度思考上课者的教学活动，这是另一种意义的参与式行动研究。

3) 影像是影像传声研究的工具与载体。影像也是研究课堂教学的传统载体，比如微格教学分析，影像在研究教学中具有无法超越的优势，它可以全息化地记录教学信息，实现"传声"的目的。

影像传声最初是社会学研究的方法，是研究者借助影像等手段对社会生活

[①] 田振华，毛亚庆. 作为定性研究方法的影像传声：理论与实践——兼论我国教育研究方法的现代性超越[J]. 教育发展研究，2020（4）：32-37，52.

中人的行为的研究，通过为研究者提供经过选择的"视觉形象材料"，传递人与社会、人与人之间，抑或内部发生的种种现象，从而达到参与社会生活并唤醒人们对自身和社区问题的批判意识。中小学传统的听评课也是一种参与性研究，是对课堂教学中教与学行为的研究，并且借助教学录像进行教学行为研究早已有之。笔者借助教学视频对课堂教学进行研究已有十余年，探索出课堂教学视频分析的程序，下面针对传统听评课的不足，借助影像传声的基本步骤阐释改造传统听评课方法。

一、制作影像传声的基本材料：录像

影像传声，本质上是借助影像解读影像中人的行为的意义。社会学的影像传声在进行研究时需要招募摄影者，根据指导的主题拍摄影像。中小学课堂教学诊断可以把教学活动以影像的方式保存下来，借助教学影像解读教师教与学行为的效果及意义。这对于传统的课堂教学诊断不仅必要而且可行。由于教学情境具有情境性与一过性，仅靠纸笔记录不可能保存教学情境中的全部信息，录像则可以全息化地记录教学情境，为教学诊断提供全息信息。当前，随着多媒体技术的发展，对教学活动进行录像变得极其简单，特别是许多中小学校配备了录播教室，使得教学录像能够在不干扰上课教学活动的情况下，自动化地进行录像保存。保存下来的录像可作为听课后教学分析的重要对象与载体。

二、提供相对稳定的预设观察框架，确保课堂教学诊断指向准确

影像传声最重要的做法之一是在拍摄影像之前为研究者提供研究的主题。"影像传声要聚焦研究主题，因此要告知招募来参与研究的拍摄者研究的主题是什么，拍摄者要紧紧围绕研究主题而展开资料搜集。"[①]针对中小学的定性诊断，能不能也提供研究主题呢？

[①] 田振华，毛亚庆. 作为定性研究方法的影像传声：理论与实践——兼论我国教育研究方法的现代性超越[J]. 教育发展研究，2020（4）：32-37，52.

中小学定性诊断的缺陷之一是"漫谈"。由于没有明确的评价框架或对象，发言者往往随意发言，基于个人经验来确定发言内容，因此常常出现该评价的教学活动没有评价、不该评价的活动评价很多的问题。为此，提供一个相对宽泛的诊断框架，以确保诊断主题明确、全面，是非常必要的。我们可否依据课堂教学的本质属性，为中小学传统的定性诊断提供诊断方向呢？

班级授课制的中小学校课堂教学的基本流程一样，因此存在一些共性的教学设计活动，比如目标设计、导入设计等。这些共性的教学设计主题稳定存在于每一节课，是决定教学质量的关键性教学设计，是每一节课都应诊断的主题。能不能按照中小学常规教学流程，为中小学定性诊断提供相对稳定的诊断对象，以确保诊断者在自由发言时不偏离主题及保证其诊断结论全面、准确呢？笔者结合中小学教学活动的基本流程和自己的长期观察，为中小学定性诊断提供了诊断框架（图 2-1）。这些教学设计主题对应中小学教师的核心教学技能，涵盖了中小学课堂教学几乎所有的教学活动，因此也是课堂教学诊断的对象。提供以上 11 个教学诊断主题后，传统的定性诊断就有了明确的诊断对象，避免"漫谈"式诊断的跑题。这里需要说明的是：上述 11 个诊断主题，只是为诊断者提供了一个预设的观察框架，并非每一节课都要进行分析，诊断者可以根据自己的经验选择在教学中典型的教学活动进行分析。此外，教学是预设与生成的统一，教学中生成的典型教学活动仍是诊断者诊断的对象。

三、提供相对稳定的教学设计标准，确保定性分析专业、准确

定性诊断以诊断者为诊断工具，诊断者的专业知识与专业素养是诊断结论科学性的重要影响因素。传统中小学定性诊断之所以受到批评，其根本原因在于诊断者缺乏关于教学设计的理论或教学设计的诊断标准，被批评为评课无依据、结论不准确。

我们可以借鉴国外的定性诊断标准。比如，美国学者哈伯特（J. Herbert）和阿特里奇（C. Attridge）在广泛考察美国当时的定量课堂观察体系后，于 1975

年提出了课堂观察体系设计的三个维度、若干细目的参考标准，如表 4-1 所示，该标准为定性诊断提供了很好的范本。①

表 4-1　课堂观察体系设计的三个维度

维度	参考信息
鉴定性标准	为使用者提供依照自己的研究目的而选择正确工具的信息
有效性标准	为使用者提供准确、全面地描述被观察对象或事件的信息
实用性标准	为使用者提供结果处理方面的信息

可见，定性诊断仍然需要提供相对客观的评价标准，以确保评价结果的客观、准确。基于课堂教学中上述 11 个教学设计主题，如果能提供相应教学设计的操作性原则或标准，就可以将其作为教师进行定性诊断的理论依据，以提高评价的专业性与准确度。

这里的教学设计标准有两个来源：一是提供相应的理论文章，在集体教研活动时间组织教师进行集中学习，从相应的文献中提取可操作性标准。以这一思路使一线教师获取诊断教学的理论标准，已在中小学实践多年，不仅可行，而且效果良好。比如，关于小语识字教学的理论标准，某小学语文学科组通过阅读两篇关于小语识字教学的文章，分别是《小学低年级识字写字教学中的问题与对策》②、《识字教学新思考——人教版小语二年级上册"识字 3"教学实践报告》③。学科组通过研讨提出如下"识字教学原则"，为识字教学诊断提供理论依据，以确保诊断的专为一、准确：①识字环节有趣，符合学生年龄和认知特点。②识字方法多样化，激发学生学习的积极性。③识字与学文相结合，综合理解汉字音形义。④识字教学中渗透汉字文化，使识字教学更具厚重感。⑤识字教学恰当地运用现代化媒体手段，提高课堂教学的效率。④

二是创建教学设计标准。这是课堂教学切片诊断的核心，即通过提取若干

---

① 刘晓慧. 美国中小学课堂观察工具研究：回顾、进展与启示[J]. 课程教学研究，2016（12）：40-44.

② 孙晓军. 小学低年级识字写字教学中的问题与对策[J]. 天津市教科院学报，2014（2）：60-62.

③ 符范妹. 识字教学新思考——人教版小语二年级上册"识字 3"教学实践报告[J]. 新课程学习（下旬），2013（12）：57-59.

④ 2020 年，笔者参加河南省登封市某小学语文学科组切片诊断活动，发现其诊断标准是通过研读相关文献提取的结论，并与笔者提供的标准进行整合，真正实现了学习、汲取与内化。

典型相同教学设计活动的操作经验，生成教学设计原理。以导入情境设计为例，可以选取若干节课堂教学活动的典型导入，归纳提炼支配导入活动的教学经验，生成导入情境设计原理；再比如小组合作操作原理，可以选择若干优秀的小组合作案例，归纳小组合作的操作原理。上述做法本质上是借助教学活动案例归纳个体教学经验生成实践性理论，在赫斯特看来，属于"通过实践性对话，勾勒教育实践者所持有或表述的独特的概念、术语、信念和原则，不仅有助于凸显教育实践的缄默维度，而且为对实践本身进行公开的理性批判提供了平台"①。这种归纳出的实践性理论的特点是以"实践原则"为主体，是基于一线教师的典型实践经验归纳提炼出的，是一线教师个人实践性知识的显性化、公共化，具有很强的可操作性，便于一线教师掌握和使用。比如导入情境设计，笔者通过若干优秀的导入活动，归纳出如下导入情境设计原理（图4-1）。②

理想导入的功能与操作要求

（一）定向激发兴趣，吸引注意力

　　选材要有趣味性，激发兴趣一定要指向教学内容，选材要与教学内容紧密结合。

（二）导入新知

　　1.提炼出与新知相关的要素，引出新知

　　2.基于认知困惑，巧妙地引出新知

（三）导入厚重的两种做法

　　1.与教学目标紧密结合，有利于目标达成，导入显得厚重

　　2.导入素材在教学中的再利用，达成目标，充分发挥导入素材的价值

图 4-1　基于导入切片归纳的导入情境设计原理

归纳的结构是"功能-手段"式的，即首先根据优秀设计所达到的效果，归纳出此类教学设计的教学功能，然后归纳出实现该教学功能的操作手段，这种理论结构属于典型的实践性教学理论结构。所谓"功能"，是要论述该教学设计能达到的教学效果；所谓"手段"，是指实现该功能的操作手段或方法。功能与手段是实践性教学理论的核心要素，按照"功能-手段"的理论结构，归纳生成

---

① 转引自程亮. 教育学的"实践"关怀[D]. 华东师范大学博士学位论文，2006.
② 归纳所用的导入切片是笔者在多所学校、多节课中采集的典型导入片断。

教学中核心教学设计的操作原理也是教学诊断的专业依据，能够提高中小学定性诊断的专业性与准确性。

四、制作"影像传声"的教学切片分析报告

传统中小学的课堂教学诊断通常缺乏"研究"，被批评为无研究的"课堂研究"。基于影像传声的定性诊断则体现了"研究"的特征，对发现的典型教学设计活动进行专业的学理分析，是提升教师研究素养、培养研究型教师的重要抓手。

教学切片是实现影像传声的基本载体，它是把观课中发现及在第一次议课中指出的教学典型活动截取出来的教学录像片断。教学切片体现了教师的教学典型经验（优秀典型或不足典型），是最值得分析的教学活动。如果是优秀经验，可以通过切片分析报告提取出来，供其他教师借鉴；如果是经验不足，同样可以通过切片分析报告提取出来，供其他教师参照，最终实现教师教学设计能力的提升，实现教学的有效性及共同成长。

教学切片分析报告本质上是一个学术报告，是对教学中的典型教学活动的专业分析，它是以PPT的形式呈现，具有学术报告的基本要素，要讲清楚三个问题：为什么、是什么与怎么办。

第一步，"为什么"，要讲清楚教学活动典型（优秀或不足）的原因是什么，具体表现是什么，并配合教学片断录像的播放解释其典型之处。

第二步，"是什么"，要讲清楚评价的典型活动是什么教学设计活动。在观课后第一次议课时，确定要分析的典型教学活动属于何种教学设计主题，即确定典型活动是什么以避免就课说课。比如属于小组合作、提问、教学生成等。

第三步，"怎么办"，要讲清楚此类教学设计有效性实施的基本原则，也即可操作性的教学设计理论（可以配合其他课堂中同类教学切片进行补充分析）。

总之，教学切片分析报告本质上是对教学现象的深度反思，是基于教学个案归纳生成教学设计原理的过程。它最终将提升教师教学设计能力，实现教师专业发展，并增强教学的有效性。

制作、汇报切片分析报告是体现听评课"研究"属性的重要载体，也是实现影像传声的媒介，还是培养研究型教师的重要路径。具体而言，它是以观

课、第一次议课中发现的典型活动所代表的教学设计为分析主题，以该典型教学活动录像片断为案例或论据，阐释某个教学设计的操作原理，同时评价了该教学活动的典型之处（优点或不足），实现了基于影像实事的评价。对中小学定性诊断的改造基于定性诊断的局限性、中小学实践特点、教学的本质属性及课堂教学诊断的基本要求，结合教学诊断，可以重新定义中小学定性诊断中的影像传声：教学诊断中的影像传声是截取教学活动中的典型活动片断，识别、表征教学设计活动的原理，增强参与评课的教师对教学活动原理的理解和认识，从而达到理解教学活动的发生机制与原理、掌握并且应用教学活动的原理、提高教学的有效性与教师专业发展水平的目的。

五、影像传声：课堂教学定性诊断流程

基于影像传声对传统定性诊断的改造需要两次议课，第一次议课（议课1）是在听课后，类似于传统听评课的议课，它是基于标准的课堂分析，且有明确指向的议课。第二次议课（议课2）是基于议课1的结论，借助影像片断（切片），汇报基于教学切片的分析报告，报告中的每一观点应附带并呈现该教学活动的录像片断，观点与教学切片一一对应，实现影像传声。教学切片分析报告是教师在业余时间制作的。议课2一般在议课1的下一周集体教研活动时进行，其间教学切片分析报告制作者讲解教学切片分析报告。传统听评课与影视传声听评课的流程对比如图4-2所示。

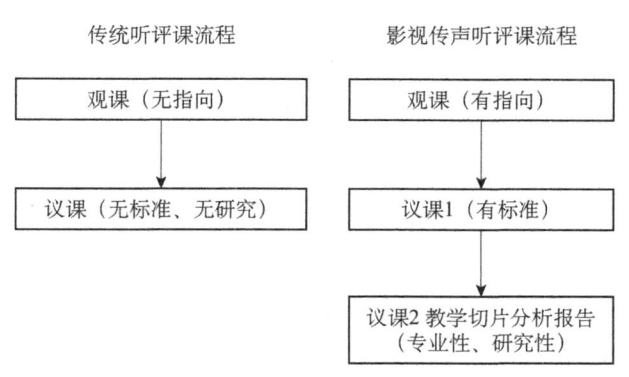

图4-2 传统听评课与影视传声听评课的流程对比

从中小学课堂教学定性诊断的流程来看，切片分析报告是将议课中教师的诊断意见条理化、专业化与理论化的过程，它是基于切片表达教学设计的典型之作。在制作及呈现教学切片分析报告的过程中，教师提升了自己的研究素养，掌握了相关的教学设计原理，它是培养研究型教师的重要路径；切片报告汇报过程将使全体学科组成员再一次把课例中体现的教学设计原理，以系统化的理论方式内化为教师自己的专业素养，提升了专业水平，为保证教学的有效性奠定了理论基础。

综上所述，基于典型教学片断制作切片分析报告是传统的中小学定性诊断的重要变革，是实现影像传声的适切路径。该方法已实践十余年，在河南省内外数十所中小学校实施，都取得了良好的实践效果。十余年的实践表明，它不仅是必要的，而且是可行的。

第二节　教学经验属性认识及其载体：教学切片

在教师专业成长的过程中，"每一位教师都可能在表达自身教育经验和分享他人教育经验的过程中获得启示，加深对教育的理解，改进教育教学行为，提高教育教学的质量和成效"[①]。对教学经验进行表征是对教学经验价值利用的前提，也是教学经验概念化的关键环节。在教师教育领域，关于教师经验研究与价值利用的路径与方法早已存在，比较常见的有叙事研究、师徒结对子、教师撰写反思日记等方式。但这些关于教学经验的研究与利用方式受限于经验的特殊性（如经验的情境性与缄默性）而不能充分、深度地利用经验的价值。比如教师专业成长中的叙事研究，其本质是试图通过教师所叙的事表征教学经验，但脱离情境的叙述、经研究者过滤后的结论只是经验的一部分，可能使经验"变了味道"；师徒结对子时，对教学经验学习的间接性与无意识性可能导致其效果不佳；教师撰写反思日记的本质也是教学经验的反思与优化，但

---

① 吴刚平. 教育经验的意义及其分享与表达[J]. 全球教育展望，2004（8）：48-56.

去情境化的反思日记又失去了经验的"本来面貌"。概言之，基于经验的特殊性如情境性与缄默性，经验的表征与研究又是非常困难的。哲学家刘易斯（Lewis）甚至悲观地指出，除非最终通过感觉的呈现，否则经验真是无法被认识的。①

如果能找到一种科学的载体可以恰当、准确地承载教学经验，那将在很大程度上促进对教学经验的概念化，进而促进教师的专业发展，这对优化教师教育效果和提升课堂教学质量具有十分重要的意义。教学经验的表征载体必须依据教学经验的属性确定，在寻找恰当的表征载体前，有必要厘清教学经验是什么及其本质属性。

一、教学经验是什么：理论与实践视角的解读

教学经验是教师除专业知识以外必须具备的"另类"知识。教学经验是什么？这是一个比较难回答的问题，国内外诸多学者对经验内涵进行过解读，下面从理论与实践两个角度来解答这个问题。

（一）教学经验的理论解读

里斯贝克（Riesbeck）和尚克（Schank）认为，经验以案例的形式储存于人的脑海中，人们遇到问题时必定先回想是否曾遇到相同的问题，然后依靠过去的经验解决类似的问题，并把试行的结果作为经验再累积，从而提高解决问题的能力。②

这个关于经验的解读告诉我们，经验是存在于大脑中的一种信念或个人知识，它是解决具有相似性案例的操作性办法，并且在解决案例的过程中不断累积和丰富。这一对经验的定义与实用主义代表杜威（Dewey）关于经验的解读类似，杜威认为从现实意义而言，经验的合理性表现为一种事关问题情境之解决

---

① 转引自王增福. 经验的概念化：麦克道尔走出所与论与融贯论循环的运思[J]. 自然辩证法研究，2010（8）：6-11.
② 李文昊. 教师的经验性知识表示研究[J]. 中国电化教育，2006（3）：21-24.

的操作方法。① "问题情境""解决""操作方法"是三个关键词，杜威进一步描述了经验的本质内涵——经验是人在面临某一问题情境时解决该问题的办法。

吴刚平指出，行动逻辑是指行动发生的原因机制，经验则是教师在教育教学活动中的行动逻辑。②（作者原文中以实践性知识代替经验，笔者认为实践性知识与经验在核心内涵方面是等同的）这一定义指出了经验与行为的关系——经验是支配教师教学实践的逻辑，教师是基于个体经验开展实践活动的。

综上所述，笔者得出教学经验的基本内涵：教学经验是支配教学实践发生的行动逻辑，它以内隐的方式存在于个体的大脑中，以处理问题情境的方式呈现，是解决具有相似或相同特征的一类问题的操作办法，具有很强的实践性。

教学经验在实践情境中以何面貌呈现？其呈现的形式是什么？其如何支配教学实践的发生？下面深入教学实践寻找实践中教学经验的形态、内涵。

（二）教学经验的实践解读

实践中的教学经验呈现于问题情境的解决之中，以教师的行为来呈现。下面是某小学一年级语文第二课时教学现场，这里选取了"课前检测环节"教学片断，从中寻找教师在解决此类问题——"课前检测环节"的教学经验。

以小学一年级语文古诗《静夜思》第二课时复习旧知引出新知的课前检测环节为例。③

师：通过昨天的学习，大家读这首古诗的节奏怎么样呢？请孙同学读一遍。（从教学设计角度来看，这是教师的提问活动，通过提问对上一课时"朗读"教学效果进行检测）

（孙同学朗读了一遍古诗）

师：谁来给他的朗读评价一下？先说优点，后说不足。（该生读完，提问活动仍在持续，说明该生读的节奏不理想，没有达到教师预设的效果，于是教师接着提问）

---

① 刘文祥. 杜威的经验概念研究[D]. 吉林大学博士学位论文, 2013.
② 吴刚平. 教师实践性知识的行动逻辑与理解转向[J]. 全球教育展望, 2017（7）：76-87.
③ 案例来自2018年7月笔者在郑州某小学的教学研究课例。

学生 1：他读的优点是声音洪亮。

学生 2：他在读第三句时，读的节奏不对。

师：那你读一遍。

（学生 2 朗读了一遍）

师：谁来给他的朗读评价一下？

学生 3：他读的声音洪亮，节奏把握得好。（学生 2 读得比较理想，读完后，教师又让学生 3 评价，结束了这个环节的教学活动）

教学经验是教学实践发生的逻辑，在学生个体面对某一问题情境时，教师通常会采用该做法。上述教学活动体现了教师关于教学检测环节"提问"的一贯做法，我们可以推测，在下一次教学活动中，如果再遇到"教学检测"活动时，该教师仍会采用这一类似的做法。通过该教学活动，我们可归纳教师关于教学检测环节提问的做法和经验，如图 4-3 所示。

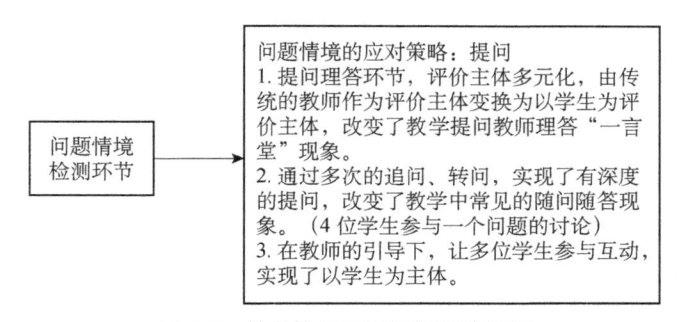

问题情境检测环节 → 问题情境的应对策略：提问
1. 提问理答环节，评价主体多元化，由传统的教师作为评价主体变换为以学生为评价主体，改变了教学提问教师理答"一言堂"现象。
2. 通过多次的追问、转问，实现了有深度的提问，改变了教学中常见的随问随答现象。（4 位学生参与一个问题的讨论）
3. 在教师的引导下，让多位学生参与互动，实现了以学生为主体。

图 4-3　教学检测环节提问经验归纳

上述关于课前复习"检测环节"的提问改变了传统提问一问一答、随问随答现象，多人参与一个问题的讨论使得提问有了深度，体现了以学生为主体的课堂教学活动，改变了日常教学中教师提问理答"一言堂"的现象。显然，这是这位教师关于提问有效性的经验之一，它包括两个要素：①问题情境。它是经验呈现的原因或背景。这个提问经验发生的教学情境是新课开始的"检测环节"，在遇到类似或相同教学情境时，该教师采用此方法进行提问。②问题情境的解决办法。它是教学经验的内核，对于这位教师而言，其经验是运用多元化提问解决此类问题，如理答主体多元化、追问与转问、让多位学生参与等。

总之，完整的教学经验应由两个要素组成，分别是问题情境及相应问题情境的解决办法。问题情境是引发经验发生的原因或情境，与之相应的解决办法是经验的内核。这种办法内隐于教师个体头脑之中，是支配此类问题情境解决的个体信念与实践逻辑，只有当教师个体遇到相同或类似情境时，该经验才会以行为的方式呈现。该教学经验的发生有如下特点：①教学经验离不开情境。该教师关于此类提问的经验发生于这节课的检测环节，在其他教学情境中，这样的提问不一定发生。②教学经验具有隐性属性。教师本人可能意识到其经验的优点与不足，也可能意识不到，可能是其一贯的做法而已。

结合教学经验的理论解读与实践案例的验证，我们可以得出教学经验的内涵：教学经验是支配教学实践发生的行动逻辑，它是教师个体在特定教学情境中处理某类问题的办法或策略，它以内隐的方式存在于个体的头脑中，以处理问题情境的行为方式呈现，它的构成要素为问题情境与解决问题情境的办法。教学经验支配着教师的行为，也支配着课堂教学活动的发生。教学经验形成了教师的教学风格，也是教学质量的重要影响因素。正如伯尼所说，单个教师在隔绝状态下工作，在紧闭的教室门后铸造自己的教学实践方法。教师逐渐认为自治和创造，而不是严谨地共享的知识，是其职业的标志。这样就进一步产生了高度个人化的教学方式，因此教学质量和效力千差万别。[①]鉴于教学经验的特殊性与重要性，了解其本质属性并进行表征、概念化与显性化更为必要。

二、从经验到教学经验，教学经验的本质属性

"教学经验"是"人类经验"的下位概念，是构成人类经验的重要组成部分。下面基于人类经验的特殊属性，结合教学实践的本质，进一步分析教学经验的本质属性。

（一）教学经验具有双重属性：过程性与结果性

经验是有机体在与环境相互作用的过程中对经历和行为结果的感受。从这

---

① 转引自吴刚平. 教师实践性知识的行动逻辑与理解转向[J]. 全球教育展望，2017（7）：76-87.

一角度来看，教学经验是一种教学行为发生的结果，如上述提问经验，是教师在无数次的教学实践活动中尝试、修正与最终定型化的提问智慧，是对提问实践经历的最终理解。在上述教学实践活动中，它体现了三个特点：评价主体的多元、多人参与和教师主导。这三个特点就是教师对提问经验的体验和实践的结果，它们将在教师今后的提问实践中进一步体现。同时，教学经验也是过程性的，因为它只有在过程中才能准确体现与表达。比如，这个提问经验只有在上课检测环节中呈现，提问几个学生、提问谁、谁来理答、教师如何评价和引导，这些都在提问过程中呈现。因此，提问经验不仅是结果性的，还是过程性的，结果性与过程性才是真正的、完整的经验属性。

经验的过程性可以从实用主义哲学对经验的论述来理解。杜威从心理学的角度对生物经验的过程性与结果性进行分析：经验形成首先是做（doing）的事情。有机体绝不徒然站着，一事不做，像米考伯［（Micawber——狄更斯的小说《大卫·科波菲尔》中的人物）］一样，等着什么事情发生。它并不墨守、弛懈、等待外界有什么东西逼到它的身上，而是按照自己的机体构造的繁简向着环境动作。结果，环境所产生的变化又反映到这个有机体和它的活动上。这个有机体经历和感受自己行动的结果。这个动作（或经历）和感受的密切关系就形成所谓的经验。不相关联的动作和不相关联的感受都不能称为经验。[1]

经验是"doing"这个动作，是做着的事情，具有过程性。从生物与环境相互作用的角度来看，教师的教学经验既是教师与教学实践相互作用的结果，也是相互作用的过程。"经验过程是在实践中的亲历和参与，经验结果是对实践过程体悟和反思的所得。"[2]任何教学经验都需要在课堂教学实践活动中完整呈现，随着时间的进程而展开，这就是教学经验的过程性属性。

总之，教学经验一方面是指教师在日常教学实践中，与教学环境、教学情境、教学对象及学校领导交互作用的亲历过程；另一方面是指教师对教学实践过程反思与体悟而形成的"策略性"结果。一句话概括，教学经验既是教师参与教学实践的经历，也是对经历反思、体悟的结果。教学经验的过程性强调经

---

[1] 杜威. 哲学的改造[M]. 许崇清译. 北京：商务印书馆，1958：70.
[2] 刘佳辉，候德娟. 教师的教学经验及其理性升华[J]. 中国教育学刊，2017（3）：89-94.

验与实践、情境相结合，这给教学经验的表征增加了难度。

（二）教学经验是教师关于"某类"实践活动的"一贯"做法

所谓经验，一定是生物个体关于某类实践活动的实践策略，在遇到相类似的实践活动时，个体会下意识地采用该策略。那么教学经验就是教师关于某类教学实践的稳定的、习惯性的做法。这种"习惯性"或"下意识"是经过长期与实践接触后的逐渐累积起来的实践智慧，是个体对"某类"实践的认识图式，具有模式化特征，是"一贯"做法。"某类"与"一贯"是经验的两个关键词，"某类"实践活动是经验发生的条件，"一贯"是经验的定型化特征。

1. 某类经验是个体持续与某类环境相互作用而累积起来的

经验是关于"某类"实践的经验累积，"我们不只是蹈袭既往，或等候意义事件来强使我们起变化。我们利用我们的既往经验，来造就新的、更好的经验。于是经验这个事实就含着指引它改善自己的过程"[1]。教学经验也是教师基于某类教学实践情境，长期与该类实践相互作用的结果。教师的教学经验是在从简单到丰富、从浅层到深度的过程中逐步累积、完善起来的。

2. 从教学实践的结果看，教学经验是教师对某类教学实践的认识图式

"教学经验主要是指教师在经历与体验具体的日常教育教学生活实践中获得的知识或技能以及在教育教学实践中所形成的规律性方法的总结。"[2]"从静态角度来说，教学经验是教师个体对教育生活实践过程中所形成的认识与行动图式，是一种被建构化了的结构。"[3]

从前述提问经验来看，它是这位教师在长期的教学实践中对复习检测活动中提问活动的认识图式，包括提问可以实现理答主体的变换、多个主体参与等。这种认识图式具有相对稳定的结构，是支配教学行为发生的信念，在下节课类似的环节中，该类行为同样会发生。

教学经验是教师关于"某类"实践活动的"一贯"做法，是对某类教学实

---

[1] 杜威. 哲学的改造[M]. （2017.12 重印）许崇清，译. 北京：商务印书馆，1958：56.
[2] 李忠成，高惠燕. 教师的教学经验及其生成[J]. 教育理论与实践，2010（7）：30-32.
[3] 李忠成，高惠燕. 教师的教学经验及其生成[J]. 教育理论与实践，2010（7）：30-32.

践活动定型的认识与做法，是经过长期的实践检验的结果。因此，优秀的教学经验是极其宝贵的教学智慧，是教师专业成长的内核与重要理论依据，具有较高的归纳和提炼价值。

（三）教学经验具有缄默性特征

从知识观的角度看，教学经验即哲学家波兰尼所述的个体知识，其中默会知识是个体知识的重要组成部分。波兰尼认为，人类的知识分为两类：一类是显性知识，比如可以以书面文字、地图和公式来表述的知识；另一类是隐性知识。波兰尼特别指出一类特殊的隐性知识——有关自己某种行为的知识，比如一个熟练的自行车骑手可能无法准确说出自己骑的方法。教学经验同样是教师关于自己教学实践行为的知识，因此就是波兰尼所述的隐性知识。比如对于优秀教师的教学活动，教师自己也"说不清楚"活动的教学策略与教学智慧，因为它们具有缄默性。如前文案例中教师的提问经验，执教者可能并不知道这样的提问经验具有什么教学价值，是优是劣，执教者本人可能是无意识的，但在教学实践中能够熟练实施提问经验。教学经验的缄默性特征使得教学经验的显性化和归纳提炼变得更为必要。

（四）教学经验具有个体性

教学经验是教师个体在与教学实践的互动中产生的，因此经验首先是属于个体的，具有个体性。教学经验的个体性意味着每位教师的教学经验具有独特性。在教学实践中，教师经历了无数类似的教学情境，体验了不同的情感，总结出知识、技能和心得，再经过实践的验证选取其中的一部分构成其教学经验并保存下来。不同的教师个体所经历的事件、情境、情感不同，最后固化的经验也是不同的，因此个体性是教学经验的显著特征。

综上所述，教学实践是极其复杂的，教育教学活动的确不是完全受物理逻辑控制的机械运动。作为活动主体的教师，其教学实践受教学经验的支配。教学经验具有过程性、情境性、缄默性和个体性特征，离开这些属性，经验或许就不是经验了，这给准确表征教学经验带来诸多困难。

三、教学经验研究与表征的理想载体：教学切片

要发挥教学经验的价值，表征教学经验是前提，也是教学经验概念化的关键。什么样的载体能准确承载教学经验，并且能体现出经验的过程性、情境性、缄默性与个人性呢？目前来看，那就是教学切片。

（一）何为教学切片

"教学切片"一词也出现在一些文献中，但这些所谓的"教学切片"与本书所述"教学切片"具有不同的内涵与外延。

1）教育技术领域中的"录像切片"。在教育技术领域，课堂视频分析是一个重要的研究领域，其中也有学者提到了"教学切片"这一概念与分析技术。但教育技术领域的教学切片是基于以下两个思路制作的：第一，以分析软件为工具，自动地将教学录像分割成若干片断，即教学切片；第二，为了方便传播与分析，将录像分割成若干片断（即教学切片），录像片断体积小，便于存储、分发与播放。这种分割出的教学切片，不是以教学设计为单元的，因此不是完整经验的载体，故虽然它们叫法相同，但教育技术领域中的教学切片与本书所述的教学切片在内涵和外延上差异极大。

2）医学中的教学切片。"教学切片"这一概念也用于医学领域，指的是用人体组织做的标本或用于显微镜观察的教学载玻片。这与本书所述的教学切片是完全不同的概念。

总之，教师教育领域内的"教学切片"是教学研究者借用其他学科的概念并在教学研究领域中提出的一个创新性概念。它是指体现一种相对独立的教学活动经验的录像片断，基于对整节课教学活动的分解而得到录像片断，每个教学切片代表了教师的一种教学经验。

（二）教学切片的特征

教学切片结构化地表达了教师教学策略与教学方法，即承载了教师在具体教学情境中如何教的问题，完美地呈现了教师个体的教学经验，有如下特点。

第一，教学切片就是教学情境的记录与保存，它符合教学经验的过程性与情境性特点。任何经验的发生都基于一定的实践情境，并且是在情境中发生的，离开了具体的情境，经验已不是真正的经验了。因此，教学经验的过程性与情境性是教学经表征的最大困难，但录像恰恰可以准确、完整地记录与描述情境，实现了对教学经验的完美记录与保存。在录像技术产生以前，人们研究人类的行为和经验靠现场观摩或事后描述，但二者都有局限性：现场观摩可以直观、真实地感受行为背后的经验，但实践情境具有一过性，一旦发生，就不能复制与还原，更无法长久保存；事后描述不能完整地描述经验，会遗漏大量关于经验的信息，导致获取的不是真正的"经验"。自从录像技术产生，人们对教学经验的研究进入一个崭新的阶段，通过录像完整地保存教学行为，实现对教学经验的保存与研究。以教学切片承载教学经验，恰恰利用了录像记录人类行为的优势，解决了教学经验因情境性、过程性而表征困难的问题。

第二，教学切片以教学设计为单元，对教学录像进行分解。为何以教学设计为单元对教学录像进行分解或对教学经验进行描述呢？这是由教学经验的内涵所决定的。教学是在课堂中发生的，所以教学经验主要指课堂教学经验。课堂不仅是教学设计理念实践的场所，还是教师教学信念转变为教学实践的场所。因此，教师的教学经验主要是指教师的教学设计经验，在课堂教学中表现出来的是具体的教学实践单元，从知识的角度看，表现出来的是教师若干教学策略性知识，包括对所教科目及其目标的了解和理解；体现于教学中，就是教学目标的制定，即"对课程内容和教学方式的选择和安排，对教学活动的规划和实施，对教学方法和技术的采用，对特殊案例的处理，选择学生评估的标准和手段等"[1]。简言之，教学经验体现的是以"教学设计单元"为单位的具体实践活动，换言之，教学经验是以教学设计为单元呈现的，某一教学设计单元可以完整地体现该设计经验。因此，教学切片的制作要以教学设计为单元进行录像分解，这样才能获取相对完整的教学经验。

第三，作为教学切片的教学活动片断，必须具有典型性。只有典型性的教

---

[1] 陈向明. 实践性知识：教师专业发展的知识基础[J]. 北京大学教育评论，2003（1）：104-112.

学活动片断所承载的教学经验才最有价值。杜威认为，不是任何事件都可以称为经验，因为有些事情可能对个体、对环境的生存没有改进意义，不相关联的动作和不相关联的感受都不称为经验。他举例说：在一个人睡着的时候，火烧了他。他的身体的一部分被烧伤了，这个火伤不是以清醒的知觉从他的行为归结出来的，在教训的意义上不可叫作经验。[①]这种对个体今后的行为或实践无改进意义，结果与前面的动作或事件无关联，是无意识经历的事件所产生的感受，不能被称为经验。同样的道理，从教师专业成长的角度看，并非所有教学活动都可以做成教学切片，只有两类教学活动值得做成教学切片——典型的优秀教学活动和典型的不足教学活动，这两类教学活动对教师教学有效性的提升与教师专业发展有意义。

第四，教学切片为教学经验的概念化提供了可能。如何研究教学经验，如何进行教学经验的概念化，使经验增加理性成为理论？教学切片既为教学经验的校本化研究提供了可能，也为教学经验的概念化提供了可能。

1）聚焦化研究某一经验。可以反复分析某一教学切片，通过教学活动片断实现隐性教学经验的可视化、聚焦化分析。

2）对不同的教学经验进行横向比较整合，实现教学经验的公共化、显性化与理性化。可以对不同教师的相同实践活动的经验进行横向比较，使经验的个体性进行横向融合，最终实现教学经验的优化、丰富，进而实现教师的专业成长。课堂教学活动有共同的教学设计（如小组合作活动），对于不同的教师和不同的教学内容，相同的教学设计活动（如小组合作活动）呈现的教学经验不尽相同，但遵循的基本原理应是相同的，可以借助不同教师相同或类似的教学切片进行教学经验的横向比较，提取不同教学经验的相同元素，实现教学经验的公共化、显性化与理性化。

3）对同一教师的教学经验进行纵向提炼、归纳，使个人性经验公共化。教学经验特征之一是教师的"一贯"做法。可以选取同一教师不同课堂相同教学设计活动的教学切片进行纵向比较和分析，提取教师的"一贯"做法，以获取教师相对稳定的优秀教学经验。

---

① 杜威. 哲学的改造[M]. 许崇清译. 北京：商务印书馆，1958：52.

综上所述，教学经验具有过程性、情境性、个体性，任何教学经验的载体也应具有上述属性，才能准确、科学地表征教学经验。教学切片是记录、描述与保存教学经验的最佳载体，它本质上是对教学实践发生的全息化记录，为教学经验的保存、研究与概念化提供了可能。从中小学校场域出发，从基础教育发展的三个核心命题——校本研究、教师专业化和教学有效性的视角出发，教学切片的制作与研究具有以下重大意义：①教学切片对观评课的意义。教学切片是一个独立的教学设计活动（如提问、小组合作等），教学切片是教学情境的再现，实现了评课的可视化、情境化。②教学切片对教师专业成长的意义。教学切片是生动、典型的个人教学理论的体现，承载或体现了教师某一教学设计的经验、智慧。切片的分析就是对理论的分析，教师在分析的过程可以专业素养，实现专业化成长。③教学切片对有效教学的意义。教学切片分析是典型的教学反思，可以有效增强教学的有效性。④教学切片分析的站位。教学切片的制作基于整体聚焦化考虑，教学切片的分解与分析不能脱离整节课的教学设计与教学目标，而应基于整体考虑进行分解与聚焦。

课堂教学实践是如何发生的？是什么使教师获得完成教学任务的能力？教师获得了什么，从而提高教学水平，实现教学实践的优化？这是国内外教师教育研究者永恒的研究主题。教学切片是教学经验的研究载体，国外已有学者进行过类似的研究，比如，教学片断法作为一种研究教师知识的工具曾广泛用于教师学科知识的研究中，它既是教师学科知识的表征载体，也是一种教师学科知识教学情境的诊断方法[1]。1963年，斯坦福大学的爱伦教授和他的同事在采用角色扮演培训教师教学行为方法的基础上，提出了由师范生自己选择教学内容，缩短教学时间，并用摄像机记录教学过程，微格教学由此诞生了。[2]众所周知的微格教学，其本质上也是对教学切片的利用，只是利用的假设、操作与目的不同而已。微格教学研究者通常认为，在一个有控制的系统中，集中解决某一特定的教学行为或在有控制的条件下进行学习是可行的。

---

[1] 张小菊，王祖浩. 学科教学知识的结构化-叙事表征——内容表征-教学经验模型[J]. 外国教育研究，2014（3）：50-57，128.

[2] 刘宗南. 微格教学概论[M]. 天津：天津大学出版社，2011：1.

教学切片提出者认为，通过教学切片中丰富的教学行为细节来考察某一活动的教学经验也是可行的。吴刚指出，教师的教学作为一种特殊的文化活动，其专业品质的提高依赖于通过经验的积累而产生的默会知识，这种经验的积累实际上也是一种隐性学习过程。[①]教学切片使得对于教师教学经验的研究与学习实现了显性化、专业化。教学切片是教学经验研究的一个维度或一个视角，同时，教学切片是具体而微的细节，但恰恰从这些细微处，我们才能真切地见到"大"意义，可以现实地对整节课进行研究和诊断。它就像显微镜，通过检验一滴血甚至一个细胞的变化来判断整个人体的健康程度。"教学经验之于教师既是'善事利器'，也可能是教师教学成长中的绊脚石，能否形成有效的教学经验，取决于教师对于教学经验的理智认识和理性升华。"[②]

总之，教师的教学经验是能够吸收、能够生效、能够确认、能够证实的教学行动哲学。教学切片正是教师对教学经验理智认识和理性升华的理想载体。

第三节　教学经验概念化视角下的课堂教学切片诊断

教学经验是支配教师教学行为的核心力量，对于教师而言，教学经验不断积累和澄明的过程就是教师个人专业发展水平不断提升的过程。教学经验体现于教师的一言一行之中，很鲜活、很具体，不仅是教师在实践中真正信奉和使用的"理论"，还是教师专业发展的基础和资源。"教学经验具有重要的意义，关乎教学的质量和效果，关乎教学理论的形成和发展，更关乎教师的成长与发展。"[③]但是，由于教学经验具有强烈的情境性、缄默性和个体性等特征，在教育实践中多以零散的碎片化状态存在，其自身无法真正发挥应有的实践指导价值。教学经验扎根于教学实践，是教师个体与教学环境相互作用的结果。教学经验能够形成认识成果，对教师后续行为产生重要的影响，是由现在影响到未

[①] 吴刚. 论教学创新的知识基础[J]. 教育研究，2014（1）：72-78.
[②] 刘桂辉，侯德娟. 教师的教学经验及其理性升华[J]. 中国教育学刊，2017（3）：89-94.
[③] 苟晓玲. 理性观照下的教学经验研究[D]. 湖南师范大学博士学位论文，2021.

来。但是教学经验"不是实践者个人经历的简单累加，而是选择对后续行为有所帮助的经验进行的重组建构"①。因此，有必要将教学经验概念化，以提升教师的教学经验品质，以更好地发挥其价值，这也是基础教育发展的内在要求。总之，在中小学场域内，如何实现教学经验的概念化，探索出一条旨在促进校本发展的教学经验概念化路径是一个非常重要的命题，值得进一步深入探究。

一、教学经验概念化即经验的理性化改造过程

在日常教学实践中，一些名师也进行经验的概念化，如"考察发现，这些一线名师习惯将教育实践形成的经验和感受以一种文本的方式描述出来，这些文本的成型过程，即为他们实践经验理性化的过程，他们将做出来的经验，以一种明确的概念和语言表达出来，使其显性化，被意识到、被传播和被更新"②。但这些经验的概念化是名师自发状态的经验概念化，缺乏明确的概念化方法，且概念化面太小，成效不甚理想。本书所述教学经验概念化，是有组织的教学经验概念化。它以一线中小学教师为概念化主体，通过学校集体校本教研活动开展大规模的概念化活动，并充分利用概念化的成果，以实现教师专业发展，有效提升教学与校本教研的质量。

（一）教学经验概念化的内涵

何谓教学经验概念化？目前，学界主要有两种代表性观点：一种观点认为，教育经验概念化表达是"寻找核心概念—构筑概念框架—解释教育现象—改善教育实践"③的过程；另一种观点认为，教学经验概念化就是把内隐于教师教学行为背后的教学经验外显、归纳、提炼出来，即隐性教学经验显性化、个别教学经验普适性、零散教学经验系统化的过程④。根据已有的教学经验概念化

---

① 王奕婷. 教师教育经验概念化的意义与路径[J]. 教育科学论坛，2018（14）：69-72.
② 邓智康. 教师默会经验及其显性化——一种专业发展道路的探索[D]. 华东师范大学硕士学位论文，2021.
③ 吴刚平. 教育经验的意义及其表达与分享[J]. 全球教育展望，2004（8）：45-49，56.
④ 荀晓玲. 理性观照下的教学经验研究[D]. 湖南师范大学博士学位论文，2021.

定义并结合教学经验的本质特征，笔者认为，教学经验概念化就是将教学经验由感性认识上升为理性认识、由隐性和零散状态转变为显性及系统化状态的过程，其结果是生成具有实践指导意义的实践性教学理论。具体来讲，教学经验概念化承认教学经验作为一种认识成果，蕴含教师个人知识，这种知识通过显性化、结构化与公共化，对教学实践产生巨大影响。

教学经验概念化有以下三层意义：第一，经验的概念化就是经验的结构化。日常教学经验以粗糙的形式存在于教学实践中，缺乏结构和条理。经验的概念化就是以一定的结构固化经验，赋予经验概念、结构，使其清晰化、结构化。第二，日常生活中的教学经验是零散的、碎片化的，经验的概念化就是将碎片化经验系统化、条理化，把个体教学行为中零散的经验进行丰富、整合与系统化。第三，经验概念化就是经验的显性化，是指把处于隐性的、体现于日常教学行为中的经验显性化，生成具有强烈实践性的系统化教学知识。具体而言，教学经验概念化就是对蕴含典型经验的教学行为进行经验的归纳与提炼，使隐性的、零散的教学经验显性化、系统化，进而生成可操作的实践性教学理论的过程。[1]经验概念化的直接目的在于实现经验的共享，特别是在中小学集体教研活动中实现经验的共享，充分发挥教学经验的实践价值。教师教学经验的共享已被实践证明具有很大的价值，在2018年组织的国际学生评估项目测试中，我国选手三次测试都取得了斐然的成绩。在探讨其取得如此成绩的背后原因时，部分研究者将目光聚焦教师，将其归因于中国的教师教研活动，因为这种教研活动能够让教师将经验共享。[2]

（二）教学经验概念化的目的

教学经验概念化即教学经验理论升华的过程，其根本目的在于由经验转变成实践性教学理论，以更好地指导教学实践。这一过程既是教学经验去除个人化色彩、被赋予实践理性的过程，也是教师个人教学经验向公共教学经验转变的过程。

---

[1] 魏宏聚. 教学经验的本质、概念化路径及价值[J]. 课程・教材・教法, 2017（9）：44-51.
[2] 邓智康. 教师默会经验及其显性化——一种专业发展道路的探索[D]. 华东师范大学硕士学位论文, 2021.

1. 赋予教学经验实践理性，使其具有"理论"价值

教学经验是感性的存在，教学经验的概念化就是赋予其理性，使其具有"理论"价值。教学经验是教师个体与教学情境相互作用产生的，它特别依附于教学情境。因此，自然状态下产生的教学经验往往带有情境性、个体化和主观色彩，教学经验概念化就是采用归纳法，剥离经验中的情境性、个体性，形成具有一定普遍性的实践原则或实践性理论。

教学经验在教学实践中是以零散、碎片化的状态而存在的。教学经验概念化主要采用归纳法，在不同教师大量类似的教学实践活动中，将零散于不同教师、不同教学活动中的碎片化经验系统化、条理化，生成具有体系的实践性教学理论。以导入情境设计为例，不同教师拥有不同的优秀导入情境设计经验，但个体教师只是具有导入情境设计的某一特殊的优秀经验，把不同的零散的导入经验归纳、提取后，就可以形成导入情境设计系统的设计原理。可以说，在教学经验概念化过程中，教学经验中单纯个体化的因素会逐渐被排除在外，蕴含更多的是知性在内的理性认识成分，其存在样态也逐渐由零散走向系统，由感性走向理性。

经验概念化即赋予经验"概念"，大量教学经验以"无名"的状态支配教学实践的发生。如果我们考察中小学教学实践，就会发现大量典型教学实践活动日复一日地发生在某教师的课堂教学活动中，但它无名称，处于无名状态。教学经验概念化的工作之一就是赋予这些经验名称（概念），这是赋予教学经验概念化的重要内容之一。比如许多教师上课时，在板书完课题后常常问一句"看到这个标题，你想学习它的什么内容"，然后引导学生展望这节课的教学内容。这样的设计对学生的学习具有很强的导向作用，让教与学有方向，这是实现有效教学的重要教学设计活动。但若我们问该教师这是什么设计活动，多数教师答不上来，他们常说的一句话是"大家都这样做"。笔者在帮助教师概念化此经验时根据该教学活动所达成的效果"导向作用"，将该教学活动命名为"教学目标出示设计"，赋予其名称，实现该教学经验的理性化，让无名称的教学活动上升为教学设计——教学目标出示设计，以便其他教师借鉴、学习。

总之，经验以感性、个体性、零散状态存于教学实践中，教学经验概念化

就是赋予其理性的过程，使其形成指导实践的理论价值。

2. 使个人教学经验转化为公共教学经验，便于共享

经验首先是属于个体的，因此经验具有个体性。要实现优秀经验的共享，必须使其公共化，使个体经验公共化是教学经验概念化的重要目的。实际上，中小学教师在日常教学生活中积累了许多优秀、宝贵的个人经验，"但是，随着时间的推移，凡是没有作出理性概括的，往往只是热闹了一阵，开了花不结果，有人说叫'过眼云烟'，不能立起来，成为可以分享的教育成果"[①]。这是一种巨大的浪费。

按照主体和公共程度的不同，教学经验有个人教学经验和公共教学经验之分。个人教学经验是教师个体对教学活动认识的结果，包含教师个人因素，是教师区别于他人的独特经验形态；公共教学经验是教师共同体集体智慧的结晶。实现两种经验形态的转化与融合是教学经验概念化的基本特征：一方面，教学经验概念化的过程实际上是教师合作性的经验学习活动，主要是在教师共同体中完成的，当教师个人在共同体中共享和分析自己的经验时，本身就实现了教学经验公共性转化；另一方面，教学经验概念化主要通过教学活动案例和描述教学行为呈现教师个人教学经验，当个人经验得到呈现、分析与归纳时，教师个体化、缄默性的教学经验获得外显，促使教师个人教学经验向公共教学经验转变，并在教师共同体中得到共享、交流与应用。因此，教学经验概念化也是将教师个人教学经验上升为公共教学经验的过程。

3. 归纳、体系化教学经验，形成实践性教学理论

感性的、零散化的教学经验经过理性化，即去情境化、个体性，按照一定的结构可生成具有较强实践性的实践性理论。实践性教学理论以"方法"为理论的核心，呈现的是操作性原则，可以直接指导、优化教学实践。"借助理论，我们可以深入到复杂经验中理解经验的本质。同时，对经验的体系化的认识也就成为了理论。"[②]教学经验概念化的过程就是对教学经验体系化认识与归纳的

[①] 吴刚平. 教育经验的意义及其表达与分享[J]. 全球教育展望，2004（8）：45-49，56.

[②] 贺雪峰. 理论资源与经验研究——如何才能写出一篇好的社会科学博士论文[J]. 济南大学学报（社会科学版），2020（3）：5-11，157.

过程，生成实践性教学理论是教学经验概念化的本质特征与根本目的。基于教学实践和校本特征，归纳与提炼教师典型教学经验的根本目的就在于生成可指导教学实践、对教师成长与发展具有重要意义的实践性教学理论。也就是说，教学经验经由概念化过程最终指向实践性教学理论的生成。更确切地讲，这种基于教学经验概念化生成的实践性教学理论是教师在教学情境中知道"如何做"的行为性知识。它主要着眼于将教师的行动作为实现某种目的的手段，依据预期的或已实现的行动结果倒推出教师需要采取的行动，包含"教学情境是如何运作的""教师需要做什么"等内容。

二、教学经验概念化的价值

教师的教学经验作为一种客观存在，以"用而不知"的状态指导着教师的专业实践。其在很大程度上是不完整的、零散的、未被检验的，甚至存在某些不合理之处。教学经验是一种客观的教育资源，是一种充满实践理性的教育资源，将其充分利用起来是教育发展的内在要求。

（一）教学经验概念化是发挥经验价值的前提与基础

优秀教师的个人教学经验能够分享给更多的教师群体。每种真正的经验都有主动的一面、当下的一面，主动的一面在某种程度上改变实践者所面临的实践，指导实践者应对所面临的实践，这就是教学经验的实践性特征。[1]教学经验来源于教学实践，体现于教学实践中，并最终指向教学实践。当教师在教学实践中获得一种相对稳定的看法、认识，或对某类教学活动获得"一贯"做法时，教学经验便产生了，其表现为一种基于实践的教学知识或教学技能，并影响教师未来的教学实践，指导教师教学实践的发生。李吉林是我们所熟知的优秀教师，他非常善于经验的概念化，他指出"我亲身经历的一个个教学场景……我的一份份教学设计、课堂实录……我审视着它们，从一个个案例中去粗取精，从感性到理性，从个别到一般，寻找相似的东西进行抽象、概括。相

---

[1] 魏宏聚. 教学经验的本质、概念化路径及价值[J]. 课程·教材·教法, 2017（9）：44-51.

似的集合，就是规律……于是就生成了自己的教育主张和思想"[1]。经过概念化的经验不仅能促进教师自身的专业发展，优化教师自身的教育教学实践，还能带动更多教师学习这种经验和思想，从而优化更多的教育实践。

可以说，教学经验是教师在教学实践中背后真正的指导力量，蕴含着教师在教学实践中形成的教学智慧。正是这些体现教师个人特征和实践智慧的缄默性经验支配着教师的日常教学实践。教学经验概念化就是将鲜活、具体、蕴含智慧的外显教学经验抽象、提炼出有价值的理论观点，生成教师个人的实践性教学"理论"，实现教学经验的重组与重构，进而真正发挥教学经验的实践指导意义。

（二）教学经验概念化是实践性教学理论生成的重要途径

在教育、教学实践面前，形而上教育理论具有其天然的短板而往往不受实践者欢迎，实践性教学理论则可以直接推动教育教学实践的发展。经验的概念化就是实现由经验到实践性理论转化的过程。杜威曾指出，"一种经验，一种非常谦逊的经验，能够产生和蕴含任何数量的理论（或理智内容）"[2]。在经验主义哲学中，经验是知识的基础和来源，蕴含着知识属性和理论成分，经验的概念化就是将经验的知识属性和理论成分得以凸显与升华的过程。哲学家麦克道威尔（McDowell）在他的心灵哲学中指出，经验的概念化是提取经验具有概念性内容的过程，它能够将经验推进规范的逻辑空间中，并将其纳入知识序列，指向更加系统性和逻辑性的理论系统。[3]换言之，概念化在更加广泛的意义上是感觉经验"上升为"经验知识的过程，其结果是经验知识属性的产生。

同样，在教育世界中，教学经验概念化是将教师感性、零散的个人教学经验上升为更加理性、系统性经验知识的过程，它基于实践将教师典型的教学经验归纳、提炼为具有普适性、一般性的教学理论知识，是教师实践性教学理论生成的重要途径。在教学经验概念化的过程中，以归纳法生成的理论知识是自

---

[1] 李吉林. 在反思与顿悟中升华"情境"[N]. 中国教育报, 2015-11-11（9）.
[2] 约翰·杜威. 民主主义与教育[M]. 陶志琼译. 北京：中国轻工业出版社, 2014：146.
[3] 约翰·麦克道威尔. 心灵与世界[M]. 韩林合译. 北京：中国人民大学出版社, 2014：7.

下而上的，是从教育实践中提取、归纳和总结出来的理论，具有很强的实践操作性。它不同于自上而下、以演绎法获取的理论。"自上而下"的理论使教师知道"是什么"，而不能深入领会"为什么"和"怎么做"。通过概念化，将一线教师典型教学行为背后的经验进行归纳与提炼，才能让教师真正清楚一节好课或优秀教学行为的背后所依据的原理，让教师不仅知道"那个事实"，而且知道"为什么"和"怎么做"。如此，教师在思想和行为上才能够从复杂和烦乱中寻找到简单并建立起秩序[1]，能够以合理的概念框架解释和澄明自己所经历的教育现象、经验事实及教学行为，从而加深对教育教学的理解和认识。

（三）教学经验概念化是推动中小学校整体发展的重要路径

中小学校发展有三个根本问题，分别是教师专业发展、有效教学与校本教研，这三个问题也是中小学校整体变革的关键问题。教师专业发展的核心是教学经验的重组与整合。教学经验概念化的出发点与落脚点是校本取向的，即它以改善教学实践和促进教师专业发展为最终目的，通过教学经验概念化可以直接实现教师专业素养的提升。教学经验概念化需要集体实施，最适切的路径是以集体教研的方式开展。如果校本教研以"教学经验概念化"为主体，则可同时实现校本教研质量的变革。

教学经验概念指向教学质量的提升，教学经验概念化并不是脱离实践场域仅仅生成理论而概念化教学经验，而是"依托教师日常教学实践，以教师为研究主体，以教学经验为研究对象，以生成可操作性理论为目标，使教师对自己所处的教学实践场域保持问题意识与敏感性，理性审视和判断自身的教学行为，将教学经验推向概念化表达，构建实践性理论的过程"[2]。在这个过程中，教师优化、重构自身的教学经验，改善教学设计的效果，实现有效教学。教学经验概念化的过程也是增进教师认识与判断自我经验、优化教师教学行为和提升教师教学技能的过程，它帮助教师认识和发现教学经验中的问题，并把问题

---

[1] 吴刚平. 教育经验的意义及其表达与分享[J]. 全球教育展望，2004（8）：45-49，56.
[2] 张燕燕. 教学经验概念化的价值、困境与路径[J]. 教育导刊（上半月），2020（7）：83-88.

放大，找到问题的症结，澄清经验事实，探究合理有效的行动策略，这在无形中也达到了有效教学的目的。

三、教学经验概念化的已有路径审视与困境分析

国内关于教学经验概念的路径大多基于两种框架展开：一是诠释框架，即在意义理解的过程中进行经验理性化、概念化，比如最常见的叙事、反思、教学案例写作与分析等；二是互动框架，即在与他者的交互行动中将经验的意蕴舒展开，主要以对话、分享和交流等行动方式进行教育实践经验的理性化，如常见的集体教研活动中的听评课，这是一种集体向度的经验概念化过程。①

有一种现象值得关注，那就是在进行经验的概念化实践时，实践者却不自知或目标不明确，导致教学经验概念化低效。比如教育叙事研究、传统的听评课活动、师徒结对子经验学习活动等，其实都在不同程度和不同层面上概念化教学经验，但实践者不自知，这种现象导致经验概念化的无目标或低效。

（一）基于教育叙事研究的教学经验概念化实践

在校本场域中，教育叙事研究是教师以教育故事的方式描述教育现象、再现教育实践、澄清教育问题、重新发现教育意义，并促使教育活动获得个人意义建构和解释性理解的研究活动，其本质是教师对教育世界中经验的研究，即抓住教育经验的故事特征，以经验的方式研究经验，并以改造和重构经验为最终目的。②因此可以说，校本场域中教师的教育叙事探究活动也是对教师经验概念化的过程，旨在显现、改造或重构教师的经验。但是，教育叙事研究中涵盖的经验的故事主题十分广泛、类型多样，侧重于叙述比较宏观的教师教育理念、教育信念、教师专业发展、教师职业认同等方面，硕士和博士学位论文中教育叙事研究主题与内容的示例如表 4-2 所示。

---

① 邓智康. 教师默会经验及其显性化[D]. 华东师范大学硕士学位论文，2021.
② 徐冰鸥. 教育叙事研究中的经验及其认识论价值——基于杜威经验论的思考[J]. 山西大学学报（哲学社会科学版），2021（6）：109-116.

表 4-2　硕博学位论文中教育叙事研究的主题与内容

文献来源	教育叙事内容
《春雨润物：一位蒙台梭利幼儿教师教育信念的叙事研究》[①]	教师教育信念（关于儿童、教师、教育活动、环境）
《小学教师实践性知识形成和发展的教育叙事研究：以 E 小学老师为研究个案》[②]	教师实践性知识（教师入职前后实践性知识的来源、形成与发展）
《小学新任女教师归属感的叙事研究》[③]	教师职业归属感、学校归属感
《面向我的学生教学：一名初任高中思想政治课教师专业成长的教育叙事研究》[④]	教育专业知识、教学方法技能、教学信念、教育理想、教学反思
《初中初任语文教师专业成长的叙事研究》[⑤]	新手教师入职适应、教师成长、教师专业发展（专业意识、专业理念、专业知识、专业能力）

首先，教育叙事研究中教师经验概念化的结果涉及的主题和内容亦十分宏观、广泛。而教学经验概念化主要关注教师课堂教学活动和教师教学行为等微观内容，旨在概念化教师教学行为背后的教学经验，而非包含教师所有的教育思想、教育理念等经验性内容。其次，教育叙事研究更注重经验故事本身，更强调教师的个人体验和意义感受，而非注重对教师经验进行归纳提炼以生成实践性理论，这与教学经验概念化的本质特征和根本目的有所区别。最后，教育叙事研究往往是"去情境化"的，即叙事主体往往脱离教育情境进行叙事与研究，教学经验概念化则必须依据教学情境对教学经验进行分析、归纳与提取，是"情境化"的。

（二）基于传统听评课的教学经验概念化实践

在教学实践中，听评课是中小学场域中最基本的教学研究方式。课堂教学诊断在外在形式上是观察与诊断教师的教学行为，但实质上是对教师教学经验的诊断、评价与总结。当前，传统的听评课活正面临专业化程度不高的问题，

---

① 严玉珍. 春雨润物：一位蒙台梭利幼儿教师教育信念的叙事研究[D]. 云南师范大学硕士学位论文，2022.

② 韩颖歌. 小学教师实践性知识形成和发展的教育叙事研究：以 E 小学老师为研究个案[D]. 大理大学硕士学位论文，2021.

③ 武艳. 小学新任女教师归属感的叙事研究[D]. 华中师范大学硕士学位论文，2021.

④ 田菲菲. 面向我的学生教学：一名初任高中思想政治课教师专业成长的教育叙事研究[D]. 西北师范大学硕士学位论文，2020.

⑤ 李莉. 初中初任语文教师专业成长的叙事研究[D]. 陕西师范大学博士学位论文，2013.

存在"去专业"现象①，反映在教学经验概念化过程则表现如下。

1）教师往往无教学经验归纳意识，仅仅"就经验评经验"，没有将教师的教学经验进一步总结、提炼，从而无法生成对后续教学行为有重要指导意义的理论知识。这就导致教师的教学经验始终处于零散的、碎片化的状态，教学经验所产生的效用意义仅仅局限于当前的教学活动中，而无法连续性地作用于未来的教学实践。

2）无有效的教学经验概念化方法。传统的听评课方式主要是经验性评课，主要靠纸、笔记录和个人回忆来反映、描述课堂教学情境，这容易导致授课教师典型的教学经验无法被及时、准确地捕捉到，造成有用的教学经验流失，从而使教学经验概念化过程失去有效的证据。

3）教学经验概念化的效果不理想。传统的听评课是"无研究的实践，应付任务式的居多"②，它没有把教师教学行为背后典型的教学经验作为专门的研究对象进行深入探究，并进一步将其归纳为实践性知识。这就无法充分发挥教学经验对教师教学行为的指导意义，始终处于"经验表象"层面下的教学经验优化和改善教师教学行为的效果不明显。

（三）基于师徒结对子模式的教学经验概念化实践

在校本场域中，师徒结对子是促进新手教师专业发展的基本模式和重要途径，它本质上是教学经验的授受与学习过程，即师傅将自身长期积累的优秀教学经验与教育智慧传授给新手教师，新手教师通过观察和模仿等途径学习与掌握优秀教学经验的过程。在这个过程中，教学经验获得显现与共享，师傅的隐性知识、个人知识能够转化为显性知识、公共知识。但是，以教学经验概念化的过程与结果逻辑对其审视就会发现，师徒结对子模式在教学经验概念化方面存在以下问题。

1）师徒结对子的技术手段是"示范-模仿"式的，它强调教学行为的示范与模仿，忽视挖掘教学行为背后教学经验的理论逻辑，这就容易导致师傅或徒

---

① 崔允漷. 论课堂观察 LICC 范式：一种专业的听评课[J]. 教育研究，2012（5）：79-83.
② 崔允漷. 论指向教学改进的课堂观察 LICC 模式[J]. 教育测量与评价（理论版），2010（3）：4-8.

弟"只知其然"而"不知其所以然"，正如费尔曼-奈米瑟（Feiman-Nenser）所言，师傅虽然能教好新手教师，但难以使其明白其中的原理，或难以将一系列复杂的教学行为分解为新手教师容易学习的要素，从而容易使新手教师只掌握一些实用的技能，却很难形成一名教师成长所需要的教学反思能力。①

2）教学经验在师徒结对子模式中多停留于"经验-经验"层面，而非"经验-理论"层面，即师徒结对子模式只是将师傅的教学经验外显并传授给新手教师弟，而没有将教学经验进行进一步反思、归纳与提炼，此时的教学经验仍处于"经验表象"层面，没有上升到系统化的实践性知识或理论层面，进而无法充分发挥教学经验的可持续性教育意义。舒尔曼等特别提出，"我们从经验中学习遇到的一个大的问题就是，我们需要能够对经验进行审视、分析和反思，不然，经验很快便消退"②。因此，基于师徒结对子模式审视、反思与归纳的教学经验，才能促使教学经验的理论升华，保留并充分发挥教学经验的校本价值。

总之，低效的经验改造方法遮蔽和消解了教学经验的价值。反观教育理论研究和教育实践领域已有概念化路径与方法，存在理想化的主观构想而无法落地的不足，存在方法不科学而难以真正进行经验概念化的困境，存在秉持国外经验"拿来主义"而不进行本土化的弊端，也存在宣扬"技术主义"而不适合中小学的场域问题。

此外，教学经验概念化还具有天然的困境：①教学经验本身具有缄默性、情境性。教学经验依附于教学情境和教学行为中，离开了情境和行为，教学经验就存在于个体的内心。正如波兰尼在缄默知识理论中列举的例子，一个熟练的自行车骑手，他并不能准确说出自己如何骑的方法；一个游泳教练也说不出熟练游泳的技术，而正是这些"说不清、道不明"的经验性知识在左右人的行为。经验的缄默性与情境性增加了经验概念化的难度。②经验主体的"失忆"与"惰性"致使教学经验流失。舒尔曼等指出，失忆、幻想、惰性和怀旧是经

---

① 杨瑞勋. 中小学教师专业发展的师徒制研究[D]. 天津师范大学博士学位论文, 2021.
② 李·舒尔曼. 宽恕但要记住：经验学习的挑战和机遇[J]. 陆勤超译, 崔允漷审. 全球教育展望, 2014（4）：3-10.

验学习的四大敌人。①教学细节在经验发生后会很快遗忘，这是自然的。教师的教学经验在没有及时记录和储存的情况下会随着时间的流逝而流失。不仅如此，教学经验的反思惰性也会使教学经验流失或仅仅停留在原始经验层面，无法使教学经验上升为一种实践性智慧，从而无法充分发挥其教育实践价值。

因此，亟须正视与探索从中小学的发展的角度构建教学经验概念化有效路径，实现教学经验理论升华与校本价值。

四、教学经验概念化程序与校本实践路径

教学经验概念化的必要性是毋庸置疑的。"有效教学实践多奠基于教师的经验性知识而非专家学者的理论性知识，所以有必要看重教师的经验性知识，将教师实务性经验有系统地整理，归纳出具有参照应用价值、切合实际教学现况需求的实用理论。"②教学经验概念化的策略不仅要考虑经验载体适切经验的本质属性，比如具有情境性、内隐性，还要考虑概念化策略应适切中小学教师教研"校本"的特殊性，最好采用以中小学教师为主体的教学经验概念化方法，以便最大限度地促进中小学教师的专业发展。笔者深入一线教学实践，经过十余年的实践探索提出了基于教学切片诊断的经验概念化路径，并将其命名为"课堂教学切片诊断"③。课堂教学切片诊断本质上就是以教学切片为经验载体，通过教学片断分析提取支配教师教学行为发生的经验，赋予其理性，生成实践性教学理论。

（一）教学经验概念化的程序

教学经验概念化的程序分为三大步，即显现教学经验—定性教学经验—提取教学经验（图4-4）。

---

① 李·舒尔曼.宽恕但要记住：经验学习的挑战和机遇[J].陆勤超译，崔允漷审.全球教育展望，2014（4）：3-10.

② 黄政杰.教学原理[M].台北：台北师大书苑，2011：60.

③ 课堂教学切片诊断为笔者原创的成果，并于2018年获得国家教学成果奖，已被河南省教育厅（基础教育教学研究室）采纳，面向全省推广应用。

```
┌─ 1.显现教学经验：以教学视频片段
教 │    载体呈现典型的教学活动事件
学 │
经 │
验 ├─ 2.定性教学经验：对蕴含典型教学
概 │    经验的教学活动进行命名与归类
念 │
化 │
的 │
操 │
作 ├─ 3.提取教学经验：归纳与提炼教学
程 │    经验生成实践性"教学理论"
序 └─
```

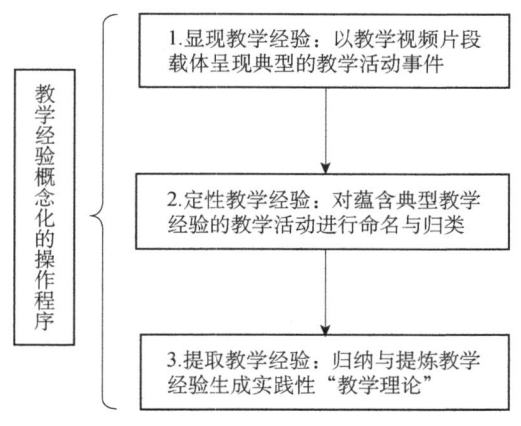

图 4-4　教学经验概念化的实践操作程序

1. 显现教学经验：以教学切片为载体呈现典型的教学活动事件

对教师个体而言，教学经验在很大程度上是缄默性、个体化的，往往内居于真实的教育情境中和教师的教学行为中。因此，若想将教学经验概念化、生成实践性教学理论，首先需要将内隐于教师教学行为中的教学经验显性化，使教学经验由缄默状态转变为显性状态，为教学经验的理论升华提供基础。在教学实践中，教学经验的外显方式通常是教师行为主体的自述或概要性记录，这容易导致教学经验"去情境化"、被遗忘或"失真"。理想的教学经验外显方式应借助教学视频呈现真实情境中的教学经验。因为教学视频能够将蕴含教学经验的教学行为可视化，再现和反复呈现于真实的教学情境中，能够获取关于教学活动展开进程的直接、详细、全面的数据，告诉人们什么因素产生影响以及这些因素是如何发生影响的。[1]在以教学视频记录、承载教师的教学经验中，课堂教学情境、教师教学行为被呈现和定型，这为接下来教学经验的分类、归纳与提炼奠定基础。在此之前，需要对整节课教学视频做切片处理。

（1）教学切片处理，制作教学切片

教学切片是受生物学、医学中"切片"概念的启发而提出的。它是课堂教学中教师的教学设计录像片断，以录像的形式全息化地记录了教师的教学设计

---

[1] 郑太年，仝玉婷. 课堂视频分析：理论进路、方法与应用[J]. 华东师范大学学报（教育科学版），2017（3）：126-133.

行为，同时全息化地承载了教师的教学设计经验。教学切片本质上是包含某一相对独立的教学设计行为片断，比如导入情境设计切片、有效提问设计切片、小组合作学习切片等，教学经验的情境性、内隐性及其他属性都被教学切片承载。这克服了已有教学经验概念化路径经验载体不足的弊端。

教学视频的切片化处理，也意味着对教学视频进行分解。以往的教学视频研究方法往往是以时间纬度进行分解，比如经典的教学视频分析方法——弗兰德斯师生言语互动系统，每3秒取样一次，即每三秒截取一个教学片断。教学活动以时间单元进行分解的弊端是把一个完整的教学行为分割为没有意义的行为，不符合教学的本质，也不利于对教学行为优劣的判断。基于教学的本质是教学设计，是教师为达成预设目标而规划的一系列教学设计活动，那么教学活动的分解就应以教学设计为单元进行分解，因为它能准确、完整地描述一个教学设计经验。课堂教学中的设计主题有两大类：一类是公共教学设计主题，如导入情境设计、教学目标出示设计、有效提问设计等；另一类是学科教学设计主题，如理科中的实验教学设计、概念课教学设计等，教学切片是以教学设计为主题，对教学视频进行分解。

（2）选取典型教学切片（经验）进行概念化

要分析什么样的教学切片呢？是不是要对一节课中的所有教学设计片断都提取经验呢？答案是否定的。以有利于教师专业成长为目的，什么样的经验最有价值呢？前文已经提及，只有两类经验最有价值，最能提升教师的教学设计能力，即典型的优秀教学活动经验与典型的不足教学活动经验。

2. 定性教学经验：从教学设计的角度对教学经验命名与归类

经验的提取或概念化应基于经验的本质属性进行。何为经验？杜威指出，"特殊事件融合起来，行动构成一个方式，成为一种常规，即为经验"[1]。可见，经验有两个核心要素：一是特殊事件，二是行动方式。要想实现教学经验的提取，先要选取特殊事件并命名，即判断经验"是什么"。为何要定性教学经验？因为教学切片呈现的是某一节课的具体教学活动，经验则是教师面对一类

---

[1] 约翰·杜威. 哲学的改造[M]. 许崇清译. 北京：商务印书馆，2011：48.

活动所采取的策略或办法，要提取经验，必须从个案上升到一般意义，即从具体的个案上升到一类活动层面。比如，导入经验或提问经验被称为"教学经验的定性"。教学经验的定性即给教学经验命名、归类，这是一个由个案（课例）到一般（教学设计）的过程。传统的听评课往往是"就课评课"，无法实现教学经验的归纳、提取。教学经验的定性或命名，就是要从具体的教学活动实例中跳出来，站在一般意义教学设计的角度理解和探讨教学实例背后所蕴含的普遍性的教学设计规律或理论。

教学经验的定性有两种思维路径：一是站在一般意义上的教学设计角度，判断该教学活动属于何种教学设计，如导入设计、提问设计等，提取的经验属于教学论范畴；二是站在学科设计角度，判断该教学活动属于何种学科教学设计，学科知识具有独特的教学策略或办法，如小语识字教学设计策略、整体感知教学设计策略等，提取的经验属于学科教学论范畴。

有的教学经验名称简单且常见，如导入情境设计活动经验、小组合作设计经验等，有的教学活动经验则没有名称或不常见，要对其进行概念化，必须重新对其命名，如教学生成的应对、字文化渗透识字法等。对教学活动片断进行命名、归类就是把发现的具体教学活动，归结为何教学设计活动。教学经验定性还有一种特殊情况，那就是同一个教学活动可以被分别归结为两个教学设计活动。那究竟将其命名为何教学设计活动呢？命名的标准就是典型性，哪一种教学设计活动典型，就将其命名为哪一种。如导入环节中的有效提问很典型，就将其命为"提问设计切片"而不将其命名为"导入设计切片"。

3. 提取教学经验：按照"目的–手段"结构提炼教学经验生成实践性教学理论

根据杜威对经验的界定，经验是个体面对某一事件所采取的行动办法。诊断者或经验提取者看到的教学活动通常有两个要素：一是教学活动的效果，二是达成这种效果所采取的办法或策略。教学活动中呈现出的典型教学效果是由教师的行动方式产生的。我们将教学效果称为教学目的，将达成效果的办法或策略称为手段，这样教学经验的提取结构便是"目的–手段"。比如，以导入设计为例，导入经验按照图4-5中的框架进行提取。

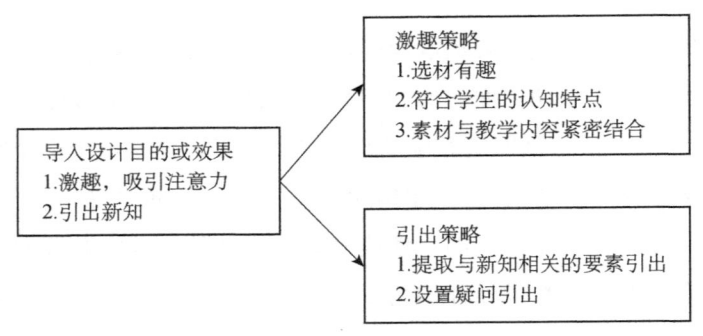

```
           ┌──────────────────────┐
           │ 激趣策略             │
        ┌─▶│ 1.选材有趣           │
        │  │ 2.符合学生的认知特点 │
        │  │ 3.素材与教学内容紧密结合│
┌──────────┐└──────────────────────┘
│导入设计目的或效果│
│1.激趣，吸引注意力│
│2.引出新知        │
└──────────┘┌──────────────────────┐
        │  │ 引出策略             │
        └─▶│ 1.提取与新知相关的要素引出│
           │ 2.设置疑问引出       │
           └──────────────────────┘
```

图 4-5　导入设计教学经验概念化框架

在观看导入教学视频切片时应注意两个方面：一是教师导入激趣效果是如何实现的，即提取教师激趣的教学设计策略；二是教师导入环节引出效果是如何实现的，即提取教师引出的策略与办法。这个经验提取结构恰恰符合实践性教学理论的结构。何为实践性教学理论？"它以目的或目标为始点，综合既定的条件，寻求达成既定目的或目标的最佳手段。因而在知识的陈述上是以'应该怎样'之类的建议为主体的。"[①]实践性教学理论的核心是教学活动的操作办法或处方。教学经验按照"目的-手段"结构被提取后就形成实践性教学理论。

当然，通过两三个同性质的教学切片提取、归纳的实践性教学理论并不完善，比如导入设计的实践性原理，若仅通过两三个导入切片分析分析得出的实践性原理，其原理可能并不完善，因此需要再选取若干导入设计切片进行经验的提取与完善。

（二）教学经验概念化的校本实践：以教学切片分析报告为载体

教学经验概念化走进中小学教师的校本教研实践中，才能真正实现其应有的价值。由教学切片制作教学切片分析报告，就是经验概念化过程。切片分析报告就是由若干相同主题的切片提取出经验的过程载体。它有两个特点或要求：一是由若干切片提取、归纳教学经验生成教学设计原理；二是必须符合学术逻辑，它是由一线教师借助若干教学案例（切片），讲述一个教学设计的原理。某中小学教师提取教学经验的结构示例如图 4-6 所示。

---

① 程亮. 教育学的"实践"关怀[D]. 华东师范大学博士学位论文，2006.

```
┌─────────────────────────────┐
│ 教学设计切片分析报告结构      │
│ 某一设计的内涵与意义          │
│ 某一设计的现状与问题          │
│ 切片一，提取导入经验          │
│ 切片二，提取导入经验          │
│ ……                          │
│ 总结，某一教学设计规律（实践性理论）│
└─────────────────────────────┘
```

图 4-6　某中小学教师提取教学经验的结构示例

切片分析报告为一线教师进行教学经验概念化提供了抓手，它具有极强的操作性，一线教师可以依葫芦画瓢，解决研究素养不足的问题，因为他们迫切需要"经验概念化"的可操作性基本要求。切片分析报告的结构可以在逻辑通顺的前提下进行创新性变革，比如可以在呈现切片前先呈现教学设计的原理，然后进行教学切片的专业分析，最后总结教学设计的原理。上述结构是为教师进行切片分析提供的初步结构，在他们熟练掌握切片分析报告后，可以引导其进行再创新。制作切片分析报告的时间通常为两周，教师教学经验概念化校本实践路径如图 4-7 所示。

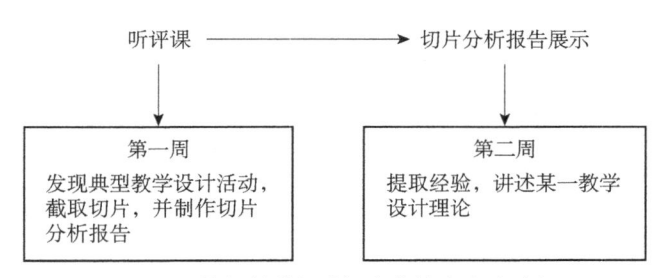

```
听评课 ──────────→ 切片分析报告展示
   │                    │
   ↓                    ↓
┌──────────────┐   ┌──────────────┐
│   第一周      │   │   第二周      │
│发现典型教学设计活动，│   │提取经验，讲述某一教学│
│ 截取切片，并制作切片 │   │ 设计理论           │
│   分析报告    │   │              │
└──────────────┘   └──────────────┘
```

图 4-7　教师教学经验概念化校本实践路径

以中小学教师为经验概念化主体，在集体教研活动中进行教学经验概念化的校本实践具有重要意义。

第一，经验概念化的过程是专业化的听评课过程。它是基于教学视频分析、评价与提取的过程，本质上也是听评课的过程，它完全可以替代传统的听评课活动，实现专业化的听评课。

第二，经验概念化的过程是教师把优秀教学经验内化为自身专业素质的过程。教师在分析、提取别人教学经验的过程中，同时也对自己经验的再次重新反思与重构，其本身就是学习经验的过程。

第三，经验概念化过程是理论的生产过程。一线中小学教师往往是理论的应用者，在经验概念化过程中，他们成为理论的生产者。

第四，经验概念化过程本质上也是一个研究的过程，是透过教学现象，分析、提取教学本质的过程。因此，经验概念化的过程是提升教师的研究素养、培养研究型教师的过程。

总之，在庞大的教育系统中，教学实践者作为个体不断积累教学经验、凝结成教育教学成果。"倘若放任这些经验与成果仅仅停留在个人发展的层面，就难以充分发挥其支撑教育发展的最大功效，教育经验需要不断地澄清、保存和传播，也需要在表达和分享中实现超越。"[1]探索教学经验概念化的校本程序与策略对于基础教育的发展具有重大意义。

---

[1] 王奕婷. 教师教育经验概念化的意义与路径[J]. 教育科学论坛，2018（14）：69-72.

第五章

课堂教学切片诊断促进教师专业成长的原理：提升教学技能

课堂教学切片诊断是针对中小学特点而开发的一种听评课方法，它可以实现有效教学，快速提升教师的教学设计能力，形成一所学校的教研特色。

第一节　课堂教学切片诊断的视角：教师的教

课堂教学切片诊断能够提升教学质量，这一点毋庸置疑。那么，它通过什么路径提升教学质量呢？课堂教学切片诊断通过提升教师的教学设计能力、优化教学设计活动，进而提升教师的授课水平，最终实现教学质量的提升。课堂教学切片诊断是为提升教师教学设计能力而开发的教学诊断方法，其视角是教师的教。

一、从教的角度，为教师提供教学实践活动的操作性原理

（一）为教师提供微观教学设计活动主题原理

切片诊断对教师进行训练，按照教师的课堂教学流程，从教师的"教"的角度，设计了 11 个教学设计主题（图 2-1）。课堂教学是由教师的教与学生的学组成的，由"教"的提升来优化学生的学习效果。课堂教学切片诊断提供的教学设计理论具有适切教师实践的特点，且针对性强。这些教学设计主题是微观教学设计活动，是中小学一线教师几乎每节课都要涉及的，但现有文献很少有关于这方面的介绍，因此，这些主题为一线教师提供了实践关怀，满足了他们的实践之需。

（二）为教师提供系统的教学设计原理

一名称职的中小学教师究竟该掌握什么教学设计主题的原理呢？基于班级授课制以及中国中小学的实践，笔者为一线教师分解出 11 个教学设计主题。这 11 个教学设计主题按教学流程而开发，从备课、导课、师生互动到结课。它们是中小学教师必备的教学设计能力，具有基础性与系统性特点。此外，这 11 个教学设计主题还具有公共性特点，即它们不具有学科特征，也不具有年级特征，适合跨学科、跨年级的中小学教师掌握。

（三）为教师提供实践性教学设计理论

课堂教学切片诊断的最后成果是为教师提供实践性教学设计理论，这是教师视角的一个重要体现。实践性教学设计理论最为核心的体现是操作性，所有教学设计理论都是按照"目的-手段"的结构归纳，先归纳该活动的教学目的或教学功能，再归纳操作办法，即如何操作能达成教学目的或实现其应有的教学功能。导入情境设计原理如图 5-1 所示。

```
导入情境设计原理
一、（定向）激发兴趣、吸引注意力
    1. 选材要有趣味性
    2. 选材要与教学内容或目标结合
    3. 趣味性要与学生的认知水平相匹配
二、导入
    提炼出与新知相关的要素
三、导入厚重
    1. 导入过程，初步揭示、渗透或达成教学目标
    2. 教学过程中导入素材的再次利用，以达成目标
```

图 5-1　导入情境设计原理示例

导入情境设计具有三个功能：（定向）激发兴趣、吸引注意力，导入，导入厚重。上述导入情境设计原理为教师提供了操作要求、教学素材的使用注意事项，具有很强的操作性，使一线教师一看就明白、一学就会。

二、课堂教学切片诊断关注教师的教，并非忽视学生的学

课堂教学切片诊断的视角是教师的教，但并不表明，课堂教学切片诊断不关注学生的学。关注教师的教是不是就意味着忽略掉学生的"学"呢？这是"课堂教学切片诊断"被质疑最多的问题。其实，关注教师的教，并非忽视学生的学。课堂教学切片诊断对切片典型的判断，是以学生学习效果好或差为依据进行的判断与选择，它所提供的教学设计原理以学生"学好"为依据。教学目标出示设计原理如图 5-2 所示。

```
一、教学目标出示的功能
    导向作用，学习有方向，提高学习有效性
二、教学目标出示方式
    1. 常见教学目标出示方式
        教师不作解释地齐读
            导向作用不理想
    2. 理想教学目标出示方式
    （1）教师分析学情、课标、考纲，提示本节课常考内容
    （2）教师引导，由学生说出本节课学习内容（大概）
    （3）教师语言解释学习内容及重难点
```

图 5-2　教学目标出示设计原理示例

教学目标出示设计是教师上课经常采用的教学设计活动，采用归纳法，以学生的学为基本依据进行教学设计经验的提取。比如，教学目标出示设计的基本功能是导向作用，即凡是好的教学目标出示设计，必须对学生的学习起到较好的导向作用，这是教学目标出示设计切片选择的标准，也是教学目标出示设计方式优劣的唯一判断标准。课堂教学切片诊断选取切片的依据是从学生学习效果的角度进行的，归纳教学设计原理是从教师教的角度进行的。

三、课堂教学切片诊断提升教师教学设计能力的原理

课堂教学切片诊断以提升教师的教学设计能力为直接目的，通过提升教学

设计能力，实现有效教学。其提升教学设计能力的思路如下：一是专家培训课堂核心教学设计原理（11 个）与课堂教学切片诊断方法，这些教学设计原理是教师上好一节课的教学原理，也是教师在下一步教研活动时选取切片的标准；二是以教研组为单位，开展集体的课堂教学切片诊断活动，以一线教师为主体，通过自己或同事的案例，重新归纳或应用教学设计原理。这一步骤既是一线教师开展听评课的过程，也是教师运用原理、掌握原理的过程。

在开展课堂教学切片诊断活动过程中，有两个步骤可以提升教师的教学技能：①观课后的评课。教师采用基于教学设计原理的评价（前期培训的教学设计原理、知识），这一活动是教学设计原理应用的过程。②以教师为主体，基于同伴或自己的教学活动切片，归纳或印证教学设计原理。它是进一步提升教师教学设计能力的过程。教师自己通过观察来归纳或印证教学设计原理，这一过程同样是教学设计原理应用的过程，也是教学设计原理知识内化为教师教学素质的过程。

总之，课堂教学切片诊断在提升中小学教师教学技能方面具有独一无二的优势：首先，教学技能的提升是一个长期的过程，并非几场学术报告能够解决的，教学技能知识的学习必须有学习主体实践的过程；其次，教学技能知识具有情境性与缄默性，必须以教学切片为载体才能呈现；最后，课堂教学切片诊断被有机地整合进中小学教师的校本教研活动中，实现无缝对接。中小学校都有校本教研活动，在校本教研活动中开展教学切片诊断，不挤占一线教师的教学时间，是对常规教研活动的改造与升级。从教学技能提升的角度来看，课堂教学切片诊断已超越目前的教学能力提升培训，因为它有实践环节；课堂教学切片诊断已超越目前的听评课活动，因为它是借助教学切片和教学原理开展的基于标准的教学诊断活动。

第二节　切片式培训：实现教师的专业发展

切片式培训就是以案例（切片）为载体，以归纳法讲解教学设计原理。教师专业发展是指教师由非专业人员转变成专业人员，由新手教师转变为优秀教师的过程。研究者指出，"教师专业发展是以教师专业自主意识为动力，以教师教育为主要辅助途径，教师的专业知能素质和信念系统不断完善、提升的动态发展过程"[①]。根据这个定义，教师专业发展的内涵包括两个部分——专业知能素质和信念系统。这一专业发展的定义的内涵不是很清晰。

笔者梳理发现，教师专业结构是提升教师专业发展的前提与根本。对于教师专业发展的具体内容与专业结构，一种比较有代表性的观点是从知、情、意三个方面进行分析，认为教师专业发展包括三个范畴——专业知识、专业技能与专业情意，分别指教师专业知识的丰富与发展、专业技能的娴熟和专业情意的健全。另一种有代表性的观点是从知识观的角度进行专业结构的分析，比如张学民和申继亮将教师的专业知识分为本体性知识、条件性知识、一般文化知识和实践性知识四个方面。[②]本体性知识类似于专业知识，条件性知识与实践性知识类似于专业技能，一般文化知识类似于专业情意知识。专业技能及实践性知识是教师专业发展的核心内容，二者是从不同角度对教师教学能力的描述，皆是教师"站稳讲台"的基本功。课堂教学切片诊断直接针对教师的实践性知识进行提升与训练，为一线中小学教师提供教学设计的操作性原则与原理，帮助教师快速地掌握教学活动的技巧，实现教师专业水平的提升。

11个主题活动具有如下特点：①系统性。它是针对一节完整的课堂教学的所有的教学设计活动，是教师上好一节课必须掌握的基本教学设计。②公共性。它是不分学科、不分年级的教学设计活动，是适合所有中小学校课堂、所有教师的教学设计活动。③真实性。它是微观的、真实存在的教学设计活动，不是形而上的教学设计。这些教学设计专题皆是基于听评课发现的典型教学设计活动，通过"功能-手段"结构提取的教学经验，提取的过程本质上是教学经验概念化的过程，最终生成实践性教学理论，也就是可操作的教学设计原则。导入情境设计原则归纳如图5-3所示。

---

① 刘万海. 教师专业发展：内涵、问题与趋势[J]. 教育探索，2003（12）：103-105.
② 张学民，申继亮. 国外教师教学专长及发展理论述评[J]. 比较教育研究，2001（3）：1-5.

```
一、(定向)激发兴趣，吸引注意力功能
    1. 选材要有趣味性
    2. 选材要与教学内容或目标结合
    3. 趣味性要与学生的认知水平相匹配
二、导入功能
    提炼出与新知相关的要素
三、导入厚重的策略
    1. 导入过程，初步揭示、渗透或达成教学目标
    2. 教学过程中导入素材的再次利用，以达成目标
```

图 5-3 导入情境设计原则示例

教学目标出示设计原则如图 5-4 所示。

```
教学目标出示
功能：导向作用，教与学有方向
呈现方式：
导入后，教师利用导入素材，引出教学任务
1. 教师自述教学任务，并强化重难点
2. 学生描述教学任务
```

图 5-4 教学目标出示设计原则示例

课堂教学切片诊断提供的教学设计原则有如下特点：①原创性。所有教学设计的原则都是研究者通过课堂教学切片归纳提炼出来的，因此大都有创新性的观点。②可操作性。所有教学设计原则皆以"功能-手段"结构呈现，为中小学教师提供可操作的办法。③实践性。所有教学设计主题皆是微观的教学设计，超越传统的教学设计著作或专家的学术报告，全部是真实的、常用的教学设计，有广阔的实践领域。

经过十余年的教学诊断，上述专题全部形成的切片分析报告用于对中小学教师进行专题培训，可以快速提升教师的教学设计能力，实现教师的专业发展与有效教学。培训实践表明，切片式培训广受一线教师的欢迎，其最大的特点在于，培训中选取了大量一线教师真实的教学切片，以案例的方式提取展示教学设计原理。

第三节　课堂教学切片诊断促进教学技能提升的原理

教学技能是可以学习、提升的，是"可为的"，但任何有效提升的路径必须关照到教学技能知识的三个属性：个人知识、显性知识与隐性知识。单一的知识传授无法有效提升教学技能。在哲学史上，有多位哲学家指出，技能类知识的有效学习途径是师徒结对子。

一、师徒结对子提升教学技能特征分析

关于技能的学习，哲学上有不少哲学家探究过，有哲学家认为，鉴于技能知识构成的特殊性，提升技能的理想途径是师徒结对子。比如：有学者指出技能类知识仅存在于实践中，并且获取它的唯一方法是通过学徒制，这并不是因为师傅能教他，而是因为这种知识唯有通过持续不断地与长期以来一直实践它的人相接触才能获得。[1]简言之，技能存在于实践中，必须借助师傅的实践才能习得。哲学家波兰尼在其著作中指出了"技艺"唯一的提升路径是师徒结对子。波兰尼认为，"一种无法详细言传的技艺不能通过规定流传下去，因为这样的规定并不存在。它只能通过师傅教徒弟这样的示范方式流传下去"[2]。波兰尼认为，技能中存在默会知识，有知而不能言的知识存在，必须通过师傅"言传身教"才能习得。在当前中小学实践中，师徒结对子也是一种培养新手教师、提升其教学技能的传统学习路径。不同的哲学家指出，技能类知识学习的理想路径是师徒结对子，表明师徒结对子具有其独特的优势。

二、教学技能有效提升路径的基本特征

在教学技能知识的学习中，师傅带徒弟的方式有着独特的优势。结对子促

---

[1] 转引方明. 缄默知识论[M]. 合肥：安徽教育出版社，2004：24.
[2] 迈克尔·波兰尼. 个人知识：迈向后批判哲学[M]. 许泽民译. 贵阳：贵州人民出版社，2000：78.

进教师专业成长是许多中小学采用的一种提升方式。从技能学习的角度看，师徒结对子具有的特点也是有效提升教学技能路径应具有的基本特征。

第一，现场学习。师徒结对子最大的学习特点是现场学习。徒弟作为实践的参与者，观摩师傅的实践活动。实践活动中的个人知识、默会知识与显性知识皆通过实践活动得到体验与学习。

第二，可以学习独特的个人知识。师傅往往都有独家"秘技"，这类个人知识往往没有转化为公共知识，有隐性知识成分，只有跟随师傅才能习得。

第三，做中学。师傅带徒弟最基本的方式是徒弟对实践的临摹，在实践中，边行动、边反思，做中学，最终提升实践技能。

第四，长期性。师徒结对子学习具有长期性，往往是数月或数年，只有在长期的实践中，徒弟才能真正提升实践技能。

但是，传统的师徒结对子学习由于技能提升的无意识性，再加上优秀师傅数量不足以及个人知识、隐性知识显性化方法的缺失，导致传统的师徒结对子效果不理想。

三、课堂教学切片诊断提升教学技能的校本教研程序与原理

教学技能是教师职业技能的主体，它不是与生俱来的，需要经过学习、练习逐渐形成。因此，教学技能是可以学习、提升的，是"可为"的。同时，任何有效提升教学技能的路径都必须关照教学技能的知识结构、技能类知识的属性——个体性、情境性与程序性，同时还要关照技能学习的特殊性，如长期性、做中学等。单一的教学技能显性知识学习是无法有效提升教学技能的，不考虑情境性的教学技能知识学习也不能有效提升教学技能，这已在中小学教师职后培训实践中得到了验证。课堂教学切片诊断是研究者在长期的中小学教学视频分析实践中形成的教学技能提升方法。

课堂教学切片诊断是针对中小学教师教学技能提升而探索的教学视频分析方法，它以中小学教师为主体开发，适宜中小学校开展以学科组为单位的集体

校本教研。它本质上是通过一线教师对承载教学技能的教学切片进行分析，提取形成典型教学技能的知识，不仅提取的过程可以提升分析者的教学技能，而且提取的结果——技能类知识可以直接用来指导教师的教学实践，进而提升其教学技能。

（一）课堂教学切片诊断提升教学技能的校本教研流程

中小学校都有专门的集体教研时间开展校本教研活动，其主要内容是进行集体备课或听评课活动。在进行课堂教学切片诊断时，对完整的一节课进行切片诊断通常需要两周，其基本流程如图 5-5 所示。

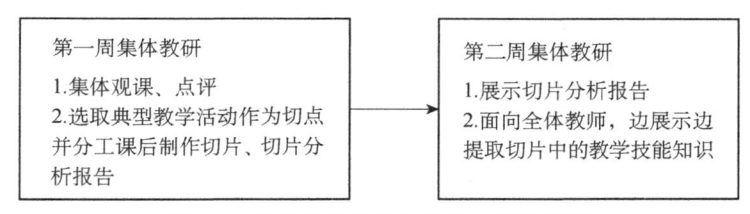

```
┌─────────────────────┐      ┌─────────────────────┐
│ 第一周集体教研       │      │ 第二周集体教研       │
│ 1.集体观课、点评     │ ───> │ 1.展示切片分析报告   │
│ 2.选取典型教学活动   │      │ 2.面向全体教师，边展 │
│ 作为切点并分工课     │      │ 示边提取切片中的教   │
│ 后制作切片、切片分   │      │ 学技能知识           │
│ 析报告               │      │                     │
└─────────────────────┘      └─────────────────────┘
```

图 5-5　课堂教学切片诊断校本教研流程

第一周集体教研：选取典型的教学行为作为教师提取教学技能知识的载体，制作教学切片及分析报告。

体现某一教学技能的教学行为的发生受个体经验支配，从知识观的角度看，这里的个体经验就属于波兰尼所述的个人知识，或欧克肖特的技术之知，它包括显性知识和隐性知识，这些体现教学技能的知识具有个人性、情境性与程序性。课堂教学切片诊断的第一步就是通过观察，寻找承载教学技能知识的典型教学活动，课后截取录像片断并制作成教学切片及分析报告，分析报告本质上就是提取技能知识的文本。之所以选取典型的教学行为片断作为分析对象，是因为支配教学行为的典型技能知识最有价值，教学效果一般的教学行为不被用来制作教学切片。

课堂教学是由课堂教学设计活动组成的，每一设计活动皆体现一种教学技能。诊断者根据现场观察、记录，课后对观察到的典型教学活动进行评析，这一步类似于传统的听评课。诊断者的评析本质上是对上课者的教学设计技能知识的分析，评析时，研究团队要做好记录，为下一步切片分析报告的制作做参照。不同的诊断者会发现不同的典型活动，教研组最后集体研讨确定一节课的典型活动，并分工在课后分解教学活动，制作教学切片。根据中小学课堂常规教学流程，中小学常用的教学切片有 11 个主题，它对应教学技能主题（图 2-1）。教师掌握了这些教学技能知识，就可以设计并实施一节优质课的课堂教学活动。课堂教学切片诊断的核心是寻找体现上述教学技能知识的典型教学切片，并分析、提取支配该教学技能发生的知识。

第二周集体教研：切片分析与展示，提取支配教学技能的知识。

确定要截取的教学活动并分工后，在课下负责该切片的教师将教学录像分解并制作成教学切片，同时按照教学技能类知识特点"功能-手段"结构进行提取，制作教学切片分析报告。

课堂教学切片诊断有清晰的教学技能知识提取结构。从知识属性上看，支配教学技能发生的知识属于程序性知识，即操作性知识。此类知识在教学实践活动中，呈现给诊断者的是某技能的教学效果及达成该效果的手段、策略。因此，提取教学技能类知识是按照"功能-手段"结构进行提取的，某教学设计活动的功能就是其在实践中呈现的教学效果。以导入情境设计技能为例，其基本功能是激发学生的兴趣与引出新知，那么它在教学实践中呈现的就是激趣与导入效果，以及达成上述效果的策略和手段。

在第二周集体教研活动中，负责某一切片的教师边播放教学切片，边进行点评、提取技能知识，这一过程既是一线教师学习教学技能知识并将其内化为专业素质的过程，又是培养教师研究素养的过程，因为提取技能知识的过程本质上也是教学研究的过程，是对教学现象本质的分析与描述。对于参加集体教研活动中的其他教师而言，参与教学切片分析的过程也是学习教学技能知识提升教学技能的过程。这一过程对提升教学技能具有积极意义：一是基于同伴教学切片进行的教学技能分析，具有很强的冲击力；二是边分析教学活动边提取支配教学活动发生的教学经验，生成指导教学实践的教学操作原理能够直接提升教师的教学技能。

（二）在知识观视域中，课堂教学切片诊断有效提升教学技能的原理

师徒结对子具有符合技能学习的特点在于现场学习、做中学、长期学习及全面学习教学技能知识。课堂教学切片诊断对提升教学技能同样具有师徒结对子的学习特点。

第一，教学切片再现教学情境观照到教学技能知识的情境性。教学技能知识都是在特定教学情境中发生的，因为技能知识中的默会知识内藏于特定情境中，教学技能知识的学习必须在教学情境中体悟、掌握。师徒结对子的最大优势是"现场学习"，徒弟在现场情境中观摩师傅的实践现场，体会、感悟师傅技能知识的默会性及独特的个体性，理解在何种情境中使用到何种技能知识，从而较为迅速地提升自己的实践技能水平。对教学切片的观察就是亲临教学情境现场，支配教学技能产生的各种知识将被清晰地呈现，体现教学技能学习的现场性特点。新手教师对教学切片的观察、分析类似于师徒结对子，他们通过教学切片既可以观察优秀教师教学技能中默会知识发生的情境，也可以体会特定情境中的默会知识"是什么"。

第二，典型教学切片包含师傅的"秘技"，切片诊断关照到教学技能知识的个体性。任何技能类师傅都具有独一无二的实践"秘技"或个人风格。教学切片是教学中呈现典型的教学设计活动片断，每个切片都是典型教学设计技能的载体，是师傅的"秘技"载体，体现了技能知识的个体性。师傅的"秘技"可能还没有显性化与公共化，即已有的教科书是没有描述的，唯有通过师徒结对子才能习得。教学切片完整地记录了优秀教师教学技能知识的独特性、个体性，借助教学切片，新手教师可以学到师傅教学技能知识的独特性，习得师傅的个人教学风格。

第三，一线教师边开展教学切片诊断边上课，实现了技能学习的"做中学"。"做中学"就是知行合一，学习知识要实践，同时在实践中学习知识。技能类知识具有特殊性，必须在实践中体悟与掌握，需要"做中学"，单纯的知识学习无助于教学技能的形成。课堂教学切片诊断的实施主体是一线的中小学教师，他们既是教学的实践者，也是教学切片的分析利用者。教学切片的分析结论是提取的教学技能发生的经验性知识，经过理性化、概念化形成实践性教

理论。一线教师可以在教学实践中践行这些实践性理论，边践行边修正，类似于行动研究，是典型的"做中学"。

第四，课堂教学切片诊断观照了技能学习的长期性。前文提及欧克肖特认为，技能学习有长期性。师徒结对子学习，从几周到几个月甚至几年，这也说明技能实践的长期性，教学技能不能通过一两次学习就能够习得。关于教师专业成长，有三阶段论、五阶段论等，这些阶段的划分时间周期很长，根据教学技能的掌握程度、熟练程度进行划分。因此，教学技能的学习是分阶段的、长期的。课堂教学切片诊断在中小学校是以校本教研的方式开展的，非常适合长期开展，具有持续性、长期性学习的特点。

第五，教学技能知识的提取依据"功能-手段"结构，关照到教学技能知识的程序性。传统的师徒结对子由于没有明确的学习师傅默会知识与显性知识的方法，因此呈现低效状态。课堂教学切片诊断基于实践性理论的基本框架——"功能-手段"结构，提高了技能知识的学习效率。教学经验支配了教学技能的发生，它呈现给诊断者的是技能发生的效果及达成该效果的操作手段、策略，因此，所谓技能知识提取的"功能-手段"结构，也就是首先分析某一典型教学设计的基本教学效果或功能，然后再寻找达成这一功能的操作手段。下面是基于"功能-手段"结构，根据若干导入情境设计切片提取的导入技能知识（导入情境设计操作原则）（图5-6）。

```
一、激发兴趣（功能）
    1. 选材有趣味性（手段）
    2. 选材要与内容或主题紧密相关（手段）
二、引出新知（功能）
    1. 提炼出与新知相关的要素进入新课（手段）
    2. 基于问题进入新课
```

图 5-6　导入情境设计操作原则

导入情境设计的功能或效果是激发兴趣与引出新知，在观课时，提取导入技能的知识就是要提取达成激发兴趣、引出新知效果的具体手段或策略。上述基于导入教学切片提取出的导入情境设计操作原则，是按照"功能-手段"提取的导入技能知识，具有很强的普适性与操作性，深受一线教师的欢迎。这些导入情境设计原则不是从已有的文献中提取的，而是提取一线教师的典型导入技能知识。这些导入技能知识包含显性知识和默会知识，是创新性的结论。

总之，有效的教学技能提升路径应具有上述五个特征，分别是技能知识的情境性、技能知识的个体性、技能知识学习的"做中学"、长期性、程序性，五者缺一不可。课堂教学切片诊断观照到教学技能学习的这些特征，取得了良好的实践反馈，在基础教育领域实施十余年，社会反响强烈。

第四节 课例研究的两种思维模式：归纳思维与印证思维

课堂教学切片诊断本质上属于课例研究。课例研究作为一种实践性的教学研究方式，在提高教师教学行为、提升教学质量、助推教师专业成长等方面发挥着重要作用。但是，这种作用是否得到充分发挥，关键是看课例研究究竟是如何开展的。在新课程改革之前，我国的课例研究基本上是"模仿型"的，它主要围绕"如何上好一节课"展开，分析一节好课中教师"做了什么"和"怎么做的"，然后以此为教学范本进行照搬或模仿。实践证明，模仿型课例研究在改进教学实践和提升教学质量方面的作用日渐式微。因为一节好课中优秀的教学行为并不是被简单模仿和照搬那样容易，其中蕴含的复杂的教学情境、教师个人特征和实践经验等显性或隐形的因素并不能被复制。同时，这种只问"是什么"和"怎么做"而不问"为什么"的课例研究方式，注定仅停留在由经验到经验的层面，而不能对改进教学发挥实质性的作用。

新课程改革之后，课例研究的实施路径主要是"反思型"的，即强调通过教师的教学反思发现课堂教学中存在的问题与不足，并改正课堂教学行为，以提高教师的课堂教学水平。然而，"反思型"课例研究在经历一度"繁盛"之后逐渐陷入发展的"瓶颈期"。本节试图分析和探讨基于"反思型"课例研究的另外两种课例研究范式——归纳性课例研究和印证性课例研究，以期丰富和发展课例研究的思路及方式，为改进教学实践提供有效的技术性参照。

一、课例研究的内涵及其价值诉求

课例研究在通常意义上是对一节课中具体教学活动的研究，也就是"研究课"。其核心价值在于通过研究一节节课挖掘教学活动背后的实践性教学理论，并以此指导同一类教学活动，从而发挥课例研究真正有效的实践价值。

（一）课例研究的缘起与内涵

"课例研究"的概念源于日本，取自日语"jugyo kenkyu"，其中"jugyo"指学课（instruction, lessons or lesson），"kenkyu"指研究（study or research）[1]，它是日本小学教师为改进课堂教学而进行的课程和教学的研究。起初，日本的课例研究主要是引导教师通过观摩其他优秀教师的课堂来学习如何教学。[2]后来，这种导师制的学习方式逐渐发展为教师专业团体基于教学中的问题，并通过研究"课"来解决问题的一种教学研究模式。由于课例研究在改善课堂教学、促进教师专业发展等方面发挥了切实有效的作用，它很快在日本中小学校和师范院校中被广为传播，并受到美国一些研究者的高度关注和中小学的纷纷效仿。尤其是在20世纪90年代末，自施蒂格勒（Stigler）和希伯特（Hiebart）合著出版《教学的差距：世界各国的教师改进课堂教学的精彩观点》（*The Teaching Gap: Best Ideas from the World's Teachers for Improving Education in the Classroom*）一书起，课例研究在国际上备受瞩目，被许多国家和地区引介并发展成为具有本土化的课例研究范式。

从广义上讲，课例研究是教师对课堂教学开展的合作性研究。那么，从狭义上来讲，究竟什么是课例研究？在实践中如何开展课例研究？一般而言，"课例研究是以课例为载体，以解决操作性问题为手段，培养教师面对实际问题的

---

[1] Fernandez C, Yoshida M. Lesson Study: A Japanese Approach to Improving Mathematics Teaching and Learning[M]. Mahwah, NJ: Lawrence Erlbaum Associates, Inc., 2004: 7-8.

[2] Arcavi A, Isoda M. Learning to Listen: From Historical Sources to Classroom Practice[J]. Educational Studies in Mathematics, 2007（10）: 111-129.

决策能力和反思能力，促进教师实践知识增长的研究方法"[1]。其中，"课例"是以学科教学的内容为载体、具有某个研究主题的教学实例[2]，教学实例中的研究主题一般包含结构良好的问题或结构不良的问题，而在课例研究中，教师专业团体主要是通过设计方案、课堂观察、共同研讨等多种途径来解决教学实例中结构不良的问题，从而改进课堂教学和提升教学能力。课例研究一般遵循"疑问—规划—反思—行动—观察—反思和重新规划"[3]的循环研究过程。由于教学传统和本土经验定位的差异，课例研究的操作模式在实践中呈现多元化的形式。例如，上海"行动教育"课例研究模式的研究过程包括三个阶段：第一阶段，关注教师个人已有经验的教学行为，即授课教师根据原有的教学经验独立设计教学活动并组织授课，专业小组成员参与观课和评课；第二阶段，关注新理念、新经验的课例设计，授课教师根据专业小组提出的新理念和新经验重新设计教学活动，并在平行班再次授课，专业小组成员再次观课和评课；第三阶段，关注新理念下学生获得的行为调整，授课教师根据专业小组的研讨和学生的行为表现，再次调整和改善教学设计，并在另一个平行班再次授课。[4]香港特区的课堂学习研究通常包含五个基本步骤：第一，选取课题并拟定学习内容；第二，通过前测与访谈确定学习难点；第三，开展教学设计并进行课堂实践，即运用变易理论设计教学，并多次进行教学实践，每次教学都有同行观课、评课；第四，教学评价，根据对学生的后测及访谈，对每次教学做出分析和评价，并提出改进建议；第五，撰写报告及分享成果。[5]因此，综合起来看，课例研究聚焦课堂教学中的研究主题，强调教师之间的合作和分享，并注重教师行动中的过程性反思和教师教学行为的持续性改进。

（二）课例研究的核心价值诉求

长久以来，教育理论的产生和发展一直被认为是教育理论工作者的事情，

---

[1] 王洁. 教师的课例研究旨趣与过程[J]. 中国教育学刊，2009（10）：83-85.
[2] 杨玉东. 教师如何做课例研究[J]. 教育发展研究，2008（8）：72-75，82.
[3] 安桂清. 课例研究：信念、行动与保障[J]. 全球教育展望，2007（3）：42-46，85.
[4] 王洁，顾泠沅. 行动教育——教师在职学习的范式革新[M]. 上海：华东师范大学出版社，2007：37.
[5] 卢敏玲，庞永欣. 课堂学习研究：如何照顾学生个别差异[M]. 北京：教育科学出版社，2006：32-33.

因为他们所生产和发展的"标准"的教育理论在学理地位上更具有"合法性"和"合理性"。然而，由于这些标准化的教育理论着力寻求的是一种普遍意义的真理和一种广泛的理性技术，它们不能直接被用来解决具体的教学问题，只能对教学实践发挥间接性的导向或借鉴作用。同时，教学实践本身的复杂性、不确定性和不稳定性也加剧了教学理论与教学实践二元对立的形成。正如舍恩（Schön）所言：在实践的不同地形中，有干爽坚实的高地……也存在着一片湿软的洼地，那里的情境是令人困扰的"混乱"，技术的解决之道是行不通的……那些处于低洼之处工作的人，当被人问及他们的探究方法时，他们总是说靠经验、尝试错误、直觉及摸爬滚打来应对问题。[①]课例研究作为一种基于教学实践、对教学现场和教学细节研究的表述形式，为具有"超然立场"的理论研究者和处于"现实情境"的实践工作者创造了一个对话情境，使他们能够围绕课堂教学中具体的课例展开交流和讨论、分享彼此的见解及经验，并在理论和经验的交锋中共同体悟课例背后所蕴含的教育理念，从而不断修正和重组各自的认知结构与专业理念。因此，课例研究为专家系统的"理论研究"和教师的"实践操作"搭建了桥梁，创造了一个理论与实践之间的思考空间[②]，也为教师成为研究者和创生实践性理论提供了可能。

　　对教师而言，课例研究不仅意味着其需要加强理论学习，更重要的是需要其以研究者的身份和姿态通过不断反思与追问来总结提炼实践智慧，以创生自己的实践性教学理论，并以此指导和完善自己的课堂教学行为，进而促进自身专业发展，这才是课例研究应然的核心价值取向。若教师在课例研究中只是根据已有经验或模仿他人优秀教学行为来决定该"怎么做"，而不去追问和反思"如此做"的深层原因，就不能生成自己的实践性知识，那么教师的课例研究就仅仅停留在由经验到经验的层面，无法实现"行为改进"和"专业发展"的目标。因此，在课例研究中，处于核心地位的是"实践的理论化"（theory through

---

[①] 唐纳德·A.舍恩.反映的实践者——专业工作者如何在行动中思考[M].夏林清译.北京：教育科学出版社，2007：35.

[②] 鲍建生，王洁，顾泠沅.聚焦课堂：课堂教学视频案例的研究与制作[M].上海：上海教育出版社，2005：9-10.

practice）或"实践性理论"（theory in practice）[①]，它的根本价值诉求在于通过提升教师课堂教学反思能力、丰富教师课堂研究的视角和提供教师自主学习的资源，促进教师实践性教学理论的生成。

二、归纳性课例研究范式

归纳性课例研究也就是按照归纳推理的方法来研究课例，即通过对一个个课例的研究总结教学经验形成一般意义上的教学设计原理（实践性教学理论），它是实践性教学理论形成的重要途径。

（一）归纳性课例研究的内涵

归纳法是人类获取知识或生成理论认识最早、运用最广泛的思维方法之一。在古希腊时期，亚里士多德（Aristotle）在《工具论》中提出归纳法，他认为归纳法是从个别情形到普遍情形，从熟悉到未知，并且"通过显而易见的特殊情形来证明普遍情形"[②]的过程，这也被称为"简单枚举归纳法"。在亚里士多德之后，英国经验主义哲学家培根（Bacon）在《新工具》中提出了"真正的归纳法"，即归纳法首先要通过细微的观察，全面搜集那些与所研究性质相关的事例，然后在大量事例的基础上，通过比较分析发现某类事物固有的某种属性，并且不断重复而没遇到相反的事例，从而判断和总结出所有该类对象都有这一属性。[③]当然，作为一位经验主义者，培根强调一切知识都来源于人类的经验，而人类从经验中获取知识的方法就是归纳法。由此可见，归纳法就是从大量个别的事物中概括出该类事物一般性的概念、原则或结论的思维方法，是由个别到一般的推理过程，涉及的是事物和概念之间的关系。归纳性课例研究秉承"从个别到一般"的思维方法，通过观察和研究一类典型的教学活动实例，寻找和发现该类教学活动实例存在共有的实践问题或实践智慧，在比较、分

---

① 钟启泉. 对话教育——国际视野与本土行动[M]. 上海：华东师范大学出版社，2006：285.
② 亚里士多德. 工具论[M]. 张留华，冯艳，等译. 上海：上海人民出版社，2015：410.
③ 转引自陈晓平. 归纳逻辑与归纳悖论[M]. 武汉：武汉大学出版社，1994：3.

析、反思教学实践问题以及总结、提炼教学实践智慧的基础上，概括出该类教学活动实例背后所蕴含的教学设计规律或理论。

（二）归纳性课例研究的基本思路

归纳性课例研究的基本思路（图5-7）包括：①选取典型的教学活动实例。所谓典型性，即该教学活动实例要能够呈现教师典型的教学行为或教学经验，要能够从这个实例中说明、阐释类似的教学活动，以及能够给其他教师带来这样或那样的启示或体会。②定性，即判断实例中的教学活动属于何种教学设计。定性的目的是把个案上升到一般意义上的教学设计，把分析的结论上升到一般意义上的实践性知识，是归纳性课例研究最为关键的环节，也是生成实践性理论的关键所在。对典型教学活动定性通常有三种方法：一是站在一般意义教学设计角度判断该教学活动属于何种教学设计；二是站在学科设计角度判断该教学活动属于何种学科教学设计；三是站在课型角度判断该教学活动属于某课型的何种教学设计。③归纳教学实例中的经验。④生成实践性理论。主要有两条路径：一是直接归纳教学活动中的优秀教学经验生成实践性理论；二是在丰富和完善演绎性教学理论的基础上间接性生成实践性理论，即教师参照演绎性教学理论，在将演绎性教学理论与教学实践结合、对比、分析、改造和完善的基础上形成教师个人基于实践的实践性理论。

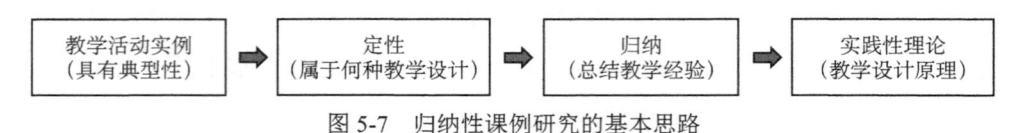

教学活动实例（具有典型性） ➡ 定性（属于何种教学设计） ➡ 归纳（总结教学经验） ➡ 实践性理论（教学设计原理）

图5-7 归纳性课例研究的基本思路

综上，归纳性课例研究就是以归纳法总结提炼教师教学活动中的典型教学经验，最后生成可操作的教学设计规律，即实践性理论。实践性理论一般包括某教学设计活动的功能、操作要求或注意事项等基本要素。

（三）归纳性课例研究的主要特点

其一，归纳的对象是指导教师教学实践背后的教学经验或实践性知识。因为教学经验是教师日常教育教学活动中的行动逻辑，它支配并指导着教师的教学行为。因为教学经验作为教师的个体知识往往具有默会性，所以归纳性课例研究的主要目的是以显性教学行为为线索，挖掘和归纳其背后隐性的教学经验，将其总结提炼为一般意义上的实践性理论，以此为参照改善教学行为。

其二，实践性理论生成的方法是归纳法，即从一个个具体的课例研究中概括总结出具有普适意义或抽象意义的教学设计理论。这种教学设计理论可以适用并指导与之相关一类具体的教学活动设计。正如实证主义哲学家杜威曾指出的，一种抽象越是理论的，越是抽象的，或离在具体情态中所经验的东西越远，则越适于处置以后可能发生的无限驳杂的事物中的任何一个。①

其三，选择典型案例作为归纳性课例研究的对象，并将其总结归纳为教学设计的规律、原则、标准，或总结形成教学设计的注意事项。

三、印证性课例研究范式

印证性课例研究强调课例和已有的教学设计标准相互印证的过程，在二者的相互印证过程中改进教学行为或总结优秀教学经验，进而形成实践性教学设计原理。

（一）印证性课例研究的内涵

"印证是一个土生土长的中文词，并不与某个特定的西语词对应。"②《苍颉篇》记载："印，验也。""印"实际上就是一种检验，"印证"即通过对照比较而获得事实的验证方式。印证与证明不同，证明是从可靠的前提出发，经过保真推导获得可信结论的过程，即若假定前提为真，那么证明就是确保结论为真的过程，并且证明要求结论的唯一性和排他性；印证是事实之间相互印证而获取待证事实的过程，其前提不具有保真性，获得的结论也不一定是唯一和排他的。有学者指出，印证的核心是证明意蕴的重合增强了可信性，这种可信性来

---

① 杜威. 哲学的改造[M]. 许崇清译. 北京：商务印书馆，2017：91.
② 刘畅. 证明与印证[J]. 世界哲学，2011（3）：38-48.

自于两种（或多种）独立渠道上各自所获得的事实信息"竟然出奇地一致"，从不同路径出发最终殊途同归于一个结论，这恰是印证的魅力所在。[①]同时，印证不仅肩负着待证事实生成或信念确立的责任，更重要的是依靠事实间的相互印证进行自我反省，在"先验"与"后验"相互同化或顺应中，产生目前状态下最佳"事实"或信念。

印证性课例研究遵循印证概念的核心思想，强调通过教学活动实例印证教学设计原理，并在二者相互印证的过程中生成当前状态下可操作的、理想的实践性教学理论，以指导教学实践和改进教学行为。当课例中反映出的教学经验和教学行为较好地印证了已有的教学设计原理时，即二者达到较高水平的一致性时，该教学经验和教学行为会进一步得到强化，已有的教学设计原理也会经过教师自身的认知同化形成个人化的教学理论。而当课例中呈现的教学经验和教学行为不能很好地印证已有的教学设计原理时，则分为两种情况：一种情况是需要以教学设计原理为指导修正课例，改进课例中不足的教学经验和教学行为，并在教师实践反思和总结归纳中形成基于已有教学设计原理指导下的个人化的教学理论；另一种情况是课例中呈现了优秀的教学经验和教学行为，需要对此进行归纳和总结，以丰富和拓展原有的教学设计原理。

（二）印证性课例研究的基本思路

印证性课例研究的基本思路（图5-8）包括：①提前了解和掌握教学设计标准。印证性课例研究首先要了解和掌握教学设计标准，包括教学设计的功能、基本原则、注意事项等。提前掌握某类教学活动具体的教学设计标准，为课例研究的印证过程提供可能。而某类教学活动的设计标准从何而来？教师可以通过查阅相关期刊、报刊、图书等文献资料或咨询身边的名师、专家等方式来获取。②呈现课例，即呈现多个典型课例。③通过对比分析、解释说明进行印证。通过课例来印证、检验已有的教学设计标准，若二者具有一致性，课例中呈现的教学经验和教学行为就得以保存、巩固或提升，教师实践性地深入理解

---

① 栗峥. 印证的证明原理与理论塑造[J]. 中国法学，2019（1）：264-283.

原有的教学设计标准并在此基础上形成自己的实践性理论；若二者不一致，要么以原有的教学设计标准为参照修正课例，要么以课例中反映的优秀教学经验丰富和扩展原有的教学设计标准，从而在二者相互印证的过程中生成更加科学和理想的、可指导教学实践的设计理论。在印证的过程中，可以呈现同一节课或不同节课的多个教学活动实例，以印证同一个教学设计标准。同时，并非每个教学设计标准都需要课例印证，有的教学设计标准若能够用语言解释清楚，就不需要借助相关的教学视频案例。④总结教学设计原理，生成实践性理论。课例和已有的教学设计标准相互印证的最终目的就是形成实践性理论，以此改进教学实践和促进教师专业发展。教师在印证性课例研究中，最重要的是以已有教学设计原理为参照，通过比较分析发现课例中具体教学行为存在的问题和不足，并以教学设计标准修正和改善教学行为，在此基础上总结归纳教学经验、形成教师个人的实践知识。

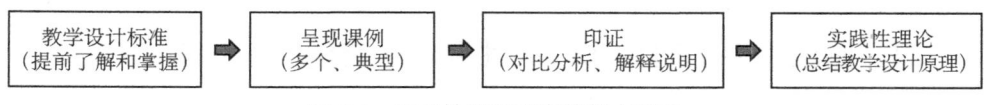

教学设计标准（提前了解和掌握）➡ 呈现课例（多个、典型）➡ 印证（对比分析、解释说明）➡ 实践性理论（总结教学设计原理）

图 5-8　印证性课例研究的基本思路

（三）印证性课例研究的主要特点

第一，印证性课例研究的本质在于已有教学设计标准和课例之间的"相互性"。"相互性"有两层含义：一是印证存续于多个课例之间，强调数量的可靠性，且多个课例间应是"孪生关系"，是属于同一类的教学活动设计。同时，在印证性课例研究中尽量避免"孤证"的现象，即用一个课例解释和印证已有教学设计标准，这会降低印证的可信度，正所谓"一个印证要成其为印证，总在于此印证之外、之后还有彼印证。印证的效力着落在印证的广度、厚度上"[①]。

第二，已有教学设计标准和课例之间是相互印证的关系，二者的相互印证使证明意蕴叠加，从而提高证明的可信度。这是印证的核心。

第三，已有教学设计标准和课例相互印证的前提是二者非同一来源。印证

---

① 刘畅. 证明与印证[J]. 世界哲学，2011（3）：38-48.

的可信性来源于两种或多种独立渠道上所获取的事实信息的一致性，即殊途同归。这就意味着在印证性课例研究中，已有教学设计标准和课例来自不同的教师个体或教师群体。若二者出自同一个教师或同一个教师群体，那么二者的证明意蕴会深受影响而降低印证的可信度。反之亦然。

第四，信念理性的生成是印证性课例研究的"认知内驱力"。当信念的形成和发展过程得到强化、内心判断得到唤醒和激发时，外部证成和内部证成之间形成了恰当的认知关联与因果关系，信念得以确证。在印证性课例研究中，教师通过已有教学设计标准和课例之间的相互印证性，调动认知层面上的意识元素和认知背景，对先验和后验的相互碰撞与结合做出理性判断，从而形成对已有教学设计标准的内心确信性。这种内心确信性会促使教师进行自我反省，以重新审视既往教学信念的可靠性，纠正教学信念偏差。只有在印证课例研究中获得一种确证的教学信念，才能为教学行为的改进提供行动逻辑和指南。

四、归纳性课例研究和印证性课例研究的实践价值

尽管归纳性课例研究和印证性课例研究遵循不同的研究思路，但二者在生成实践性理论、反馈教学实践以及促进教师专业发展等方面具有同样的实践价值。

（一）创生实践性理论，彰显实践智慧

教师作为实践工作者在日常实践工作中面对种种不确定、不稳定和充满价值冲突的情境时，可能做出许多准确的判断，但无法陈述适当的判断原则；在具体的教育教学情境中，他们可能表现出诸多处理问题情境娴熟的技巧，却无法说出其规则和程序。[1]正是这些不可言传的优秀教学经验支配和影响着教师日常教育教学行为，体现和彰显了教师教学的个人特征和实践智慧。正如布迪厄所说，实践者在日常社会生活中的行动总是按照一种"合情合理"的策略进行的，这种策略既不是对外部环境的机械反应，也不是某种理性的盘算、自由的

---

[1] 唐纳德·A.舍恩.反映的实践者——专业工作者如何在行动中思考[M].夏林清译.北京：教育科学出版社，2007：40.

筹划，而是个体在特定的生活与实践环境中逐步形成的，它就是经验。①

教学经验是教师在长期教学实践和教学情境中体验、感悟、反思的结果，集中反映了教师个人对教育教学的认识、理解、解构和重构。优秀的教学经验更是教师教育教学智慧的结晶，它会不断促使教师反思自己的教学行为是否恰当、正确，是否为最佳行为方式。归纳性课例研究和印证性课例研究正是总结归纳教学经验、使之提炼生成实践性理论的重要途径。尽管两种研究的基本路径有所差别，但其核心思想都是通过课例按照各自的思路来解读、分析、完善教学经验或教学行为，并最终生成可操作的实践性理论，从而更好地指导教师的教学实践。

（二）反馈教学实践，提供技术性参照

英国学者卡尔（Carl）指出，当教育理论对理解实际教育经验提出建言时，理论所获得的只是教育的"地位"；当教育理论提出的建言在实际情况中获得验证与检视之后，理论所获得的只是教育的"有效性"。②真正的教学理论应以研究主体的建议为核心，在理论的陈述中，研究者做出具体的价值判断和技术选择，为教育实践提供道德的、技术的各种规范。③卡尔的这一论述指明了真正有价值的教育理论应该给教育教学实践提供合乎道德、有技术参照价值的实践规范，这样才能使教育理论在教育实践中得到检验和发展，也能够实现教育理论的真正有效价值。

课例研究本身就是教育理论与教育实践相互沟通和相互转化重要的中介系统，即在课例研究中，既能以教育教学理论为指导，将教育教学理论转化为教学实践，发挥教育教学理论技术性参照的指导作用，又能通过课例研究检验和发展教育教学理论，形成基于实践的教育教学理论，从而为教育理论与教育实践搭建桥梁。归纳性课例研究是一种"自上而下"的研究路径，既来源于教学实践，又反馈于教学实践，为教学实践提供具有强烈操作性的实践性理论。印

---

① 转引自魏宏聚. 经验、知识与智慧——教学经验的价值澄清与意义重估[J]. 教育理论与实践，2009（7）：52-56.
② 卡尔. 新教育学[M]. 温明丽译. 台北：台北师大书苑，1985：55.
③ 唐莹. 元教育学[M]. 北京：人民教育出版社，2003：318.

证性课例研究是以教育教学理论为指导，在课例研究中印证和检验教育教学理论的过程，为教育教学理论的"地位"和"有效性"提供了检视途径，通过印证检测使教育教学理论更加有效地服务于教师的教学实践。

（三）提升实践反思能力，促进教师专业发展

从个体角度看，教师专业发展是教师个体在专业信念、专业知识和专业能力等方面不断提升与完善的过程，强调教师个体通过系统努力不断改进专业实践和专业理念。虽然促进教师专业发展的途径多种多样，但是"教师的专业发展是靠实践性知识保障的，教师成长和发展的关键在于实践性知识的不断丰富，实践智慧的不断提升"[1]。归纳性课例研究和印证性课例研究为教师专业成长与实践智慧养成提供了发展空间，使教师在这个发展空间不断发现问题、解决问题，不断改进教学行为和生成实践知识，尤其是不断提升教师的实践反思能力。"'一个研究课例就像一面镜子，真实地反映出教师在课堂的教学行为'，当这面镜子再次出现在教师面前时，这本身就是反思的基石。"[2]对教师而言，只有不断提升实践反思能力，才能引起教学认知和教学行为的改变，进而才能产生教学的实践智慧。

总之，归纳性课例研究强调教师在分析课例时不断反思和挖掘支配教学行为的实践性知识：若课例中呈现了优秀的教学行为，需要教师以研究者的姿态总结提炼其中的优秀教学经验，进而形成一种实践性知识或理论；若课例中呈现了不足的教学行为，则需要教师思考该教学行为存在的问题以及如何解决问题、改进教学行为，并在此基础上总结教学设计的注意事项。印证性课例研究首先要求教师掌握并理解一定的教学设计原理，并在以课例印证已有的教学设计原理时形成自己基于实践性理解的教学设计标准，或者以已有的教学设计原理为参照改进教学行为。无论是归纳性课例研究还是印证性课例研究，都把实践反思和行为改进融入其中，并最终指向教学水平的提升和教师的专业发展。

---

[1] 顾泠沅，王洁. 教师在教育行动中成长——以课例为载体的教师教育模式研究（上）[J]. 课程·教材·教法，2003（1）：9-15.

[2] 祝成林，张宝臣. 教师专业发展：基于课例研究的视角[J]. 教育导刊，2010（1）：77-79.

第六章

课堂教学切片诊断促进教师专业成长的原理：培养研究型教师

第一节　课堂教学切片诊断校本教研的目标之一：
培养研究型教师

"教师成为研究者"这一极具有感染力的口号如今已经逐渐深入人心，日益成为教师教育的一个研究热点领域和努力的方向。研究型教师既是新课程改革的要求，同时也是永恒的时代要求。学校、课堂是课程实施的终端，教师是教学质量与教学革新的最重要一环。英国课程专家斯滕豪斯（Stenhouse）说过：课程的研究和发展是教师的责任，教师的工作不仅要被研究，而且要由教师自己来研究，对课程的研究意识是教师应当具备的素质，没有教师发展，就没有课程发展。[①]

一、研究型教师的特征与要求

研究型教师首先应是合格的教师，其次应具有研究特质。有研究者指出，研究型教师是指依托多元化的知识框架和熟练的教学技艺，具有一定的科研意识与科研能力，能在教学工作之余积极投入时间与精力对相关领域进行专业性研究，如不断探索现代化教育思想、教育理论、教育方法、教育技能等。[②]该定义首先强调研究型教师具有熟练的教学技艺，其次具有研究特质。关于何为研究型教师，国外相关研究比较深入，比如澳大利亚已研制研究型教师的教育标

---

① 范敏，刘义兵. 斯腾豪斯的"教师成为研究者"思想[J]. 全球教育展望，2017（8）：83-94.（注：斯腾豪斯同斯滕豪斯，未做强行统一）
② 邹艳. 澳大利亚研究型教师教育标准化研究[J]. 高教学刊，2020（20）：1-3，6.

准，我们在这方面与其差距较大，不仅没有研究型教师的培训标准，而且没有真正弄清楚何为研究型教师。笔者认为，研究型教师应具有如下要求或特征：①熟练掌握教学技艺，是优秀的教学者；②具有研究特质，掌握基本的研究规范；③以教学研究为主体，以教学实践为研究对象，这一点区别于单纯的教育理论工作者。

对研究型教师的界定不能不考虑中小学教师的工作性质、场域特点及价值追求，如果仅从研究者的角度来界定研究型教师难免偏颇。比如下面的定义就没有考虑中小学教师的工作性质与价值追求：研究型教师是指具备科学的研究观、多元化的知识结构、较强的科研能力，并且能够通过不停地合作与反思使自身的专业化发展得到一定提升的教师[1]。

中小学教师是新课程改革和中小学教学的主力军，教师成为研究者不能成为一句口号，而要落地。纵观当前中小学教师发展情况，使教师成为研究者的抓手很少。课堂教学切片诊断是近年探索的有效抓手之一，它可以提升中小学教师如下研究素养：①转变教师的研究观，强化其研究意识；②丰富教师的教育教学理论知识和学科教学知识；③提高教师搜集和整理文献资料的能力，以及文字总结和表达能力；④增强教师的反思意识和合作精神。[2]

二、课堂教学切片诊断提升教师教学研究能力的原理

课堂教学切片诊断以提升教师的教学研究能力、培养研究型教师为其目标之一。制作切片分析报告是培养研究型教师的重要抓手，教师在制作和展示切片分析报告的过程中逐步提升研究素养，进而实现成为研究型教师的目标。

切片分析报告就是以一线教师为主体，从自我的角度，借助典型教学切片讲述教学设计原理。切片分析报告按照学术报告的要求设计制作，制作过程就是教师研究能力提升的过程。两位一线教师切片分析报告提纲如图 6-1 所示。

---

[1] 杨蕾. 基于教学切片诊断的研究型教师培养路径研究——以郑州市 W 中学为例[D]. 河南大学硕士学位论文，2021.

[2] 杨蕾. 基于教学切片诊断的研究型教师培养路径研究——以郑州市 W 中学为例[D]. 河南大学硕士学位论文，2021.

第六章 课堂教学切片诊断促进教师专业成长的原理：培养研究型教师 | 165

一、什么是课堂导入？	一、什么是课堂导入？
二、课堂导入的重要性	二、课堂导入的重要性
三、课堂导入的标准	三、课堂导入的诊断
四、课堂导入的诊断	四、课堂导入的标准
五、课堂导入标准或规律	
提纲一	提纲二

图 6-1 两位一线教师制作的切片分析报告提纲截图

提纲一列出了导入情境设计原理，整个提纲逻辑清晰，观点集中。提纲中的第三项是课堂导入的标准，第四项是课堂导入的诊断。切片来自自己的课例或同事的课例，分析的过程既是基于标准的课程分析，又验证了导入情境设计原理，最后总结课堂导入标准或规律。其主题明确，案例典型，逻辑清晰。这是一线教师做的学术报告。其间，制作者既掌握了教学设计原理，又掌握了学术报告的制作原理，专家型教师、研究型教师或由此诞生。

区别于提纲一，提纲二在切片分析前没有呈现课堂导入标准，而是基于案例归纳出导入情境设计原理，这一思路属于归纳思维，而提纲一属于验证思维。提纲二也是层层深入、环环相扣，逐步归纳出导入情境设计原理。针对中小学教师研究素养不足的特点，研究团队首先对他们进行课堂教学核心教学设计主题 11 项教学设计进行原理培训，作为切片报告制作的理论依据；其次，提供切片分析报告制作的两类提纲供一线教师选择。实践表明，中小学教师普遍能够掌握分析报告的制作方法，他们开展了大规模的校本教研，进行了集中展示切片分析报告，并且收到了良好的教学效果。

第二节 通过制作与展示切片分析报告培养研究型教师

在西方传统科学研究传统中，"研究"和"实践"被分别定位为理论工作者和实践工作者的职责。斯滕豪斯提出"教师成为研究者"，使理论与实践整合为一体，"在他看来，在教育研究中，教师应该处于教育研究过程的中心，学校教育改进的主要意义是课程研究与开发应该属于教师，而且在实践中这样做有好的前景"[1]。"教师成为研究者"作为一种理念，逐渐成为世界各国教师教育改革的基本方向，让教师成为研究者已成为国内外课改的共识。早在20世纪50年代，国外一些学者就认为教育研究不能仅由外在于学校的研究者在学校外实施，教育理论要通过实践加以验证，学校里的教师要以研究者的姿态，对教育问题和自身实践进行反思、研究和改进。[2]

那么，教师作为研究者，研究什么以及通过何种研究才能成长为真正的研究者，这是关键性问题。课堂教学切片诊断通过一线教师制作与展示切片分析报告，探索出一条培养研究型教师的重要路径。早在2014年，笔者就带领研究团队，致力于让教师掌握和运用课堂教学切片诊断的方法，带动了一大批教师从"教书匠"向研究者转型。课堂教学切片诊断本质上是一种教学研究方法，它是借助教师制作切片分析报告实现教师成为研究者的。

一、切片分析报告本质上是课例研究结论的文本载体

研究性是课堂教学切片诊断区别于传统听评课的本质特点。传统的教研活动多以听评课形式进行，也就是上课后多人口头评课，评课完成后就结束，基本不对评价结论进行整理和分析，它对教师上课能力提升的作用有限。课堂教学切片诊断不在于切片诊断，而在于以研究的思维提取课例中的教学设计经验，生成教学设计原理。也就是说，诊断的结论以文本——切片分析报告的形式呈现。切片分析报告是条理化、清晰化、系统化地呈现课例研究结论，保存了课例研究的结论，为将来提升教师的教学设计能力奠定基础。

二、制作切片分析报告是一个研究素养训练与提升的过程

切片分析报告的结构是研究的结构，教师制作切片分析报告的过程就是一

---

[1] 范敏，刘义兵. 斯腾豪斯的"教师成为研究者"思想[J]. 全球教育展望，2017（8）：83-94.
[2] 赵德成. 教师成为研究者：基于课例研究的分析[J]. 教师教育研究，2014（1）：75-80.

个研究的过程，需要教师寻找典型教学切片，并以切片来论证教学设计原理。制作者按照一定的研究思维、研究逻辑组织相关的素材，并得出一定的结论。图 6-2 是一位教师做的教学目标切片分析报告提纲。

```
教学目标切片分析报告
一、本章教材分析
二、教学目标的重要性
三、教学目标内容诊断
四、教学目标结构诊断
五、教学目标改写对比
六、教学目标诊断标准
```

图 6-2 教学目标切片分析报告提纲示例

在切片分析报告制作过程中，首先，教师需要逻辑加工能力，即各级标题之间有内在的逻辑性。以图 6-2 "教学目标切片分析报告"为例，标题一是本章教材分析，即背景分析，标题二是教学目标的重要性，标题三和标题四是对本节课教学目标内容和结构的诊断，标题五是教学目标改写对比，标题六是教学目标诊断标准，即诊断结论。整个报告是基于标准的诊断报告，其逻辑严密。其次，教师要具备论证能力，所有一级标题都围绕主题展开，论证时的案例（教学切片）要有典型性。最后，教师在集体教研活动陈述时，训练的是表达能力，它是教师研究素养的整体展示。

三、在切片分析报告制作过程中，团队为提升中小学教师的研究素养提供支持

撰写研究论文是提升研究能力和形成研究素养的重要抓手，但不适合一线中小学教师，因为他们的主要精力用于教学，且他们通常没有受过专门的学术训练，也没有专门的时间进行写作，所以撰写研究论文在中小学校无法大范围实施。切片分析报告的制作充分考虑了中小学教师的实践性特点，为他们制作报告提供了辅助条件。

第一，提供分析框架或模板。为了降低一线教师在开展教学诊断、制作切片分析报告时的难度，研究团队为一线中小学教师提供了 11 个教学设计主题的分析框架。教师在制作切片分析报告时，只需要选择典型教学切片即可完成报告的制作。

第二，提供相对应的教学设计文章。针对 11 个教学设计主题，为一线教师提供了相应的公开发表的文章。这些文章有两个共同的特点：一是适合中小学教师阅读，表达不晦涩；二是文章观点操作性强，这些文献就是让一线教师在集体教研活动时研读，为制作切片分析报告提供支持，同时也是提升教师研究素养的重要学习读物。

综上所述，"教师成为研究者"成为教师教育改革中一个研究热点和努力方向。课堂教学切片诊断在校本研究实践中，使"教师成为研究者"看得见、摸得着，并取得了显著成效。

第三节　课堂教学切片诊断具有较强的校本教研属性

课堂教学切片诊断自 2014 年明确概念起就在中小学推广应用，经过多年实践逐渐形成了一套成熟的校本操作体系。

一、中小学校实施课堂教学切片诊断的价值

1）提升教师的教学设计能力，掌握教学设计的理论知识，实现教师的专业成长。通过系列课堂教学切片诊断，让教师掌握系统的教学设计原理，以提升教师的教学设计能力，实现其专业化成长。

2）优化与改进教学实践，以教学设计理论有针对性地改进和提升中小学教师的课堂教学设计能力，进而增强教学的有效性。

3）改善传统的教研方式并提高其质量，以课堂教学切片诊断替代传统的听评课，形成教研特色。课堂教学切片诊断是以教学设计标准为依据的诊断，实

现了基于标准的诊断；通过研究小组的课堂教学切片诊断活动，改变与提升传统课堂研究的质量，实现校级专业化的课堂研究活动。

4）切片诊断的过程就是一个研究的过程，通过开展课堂教学切片诊断，培养中小学教师的研究素养，进而塑造研究型教师。

二、课堂教学切片诊断的成果类型及可开展的工作

（一）教学核心教学设计主题专题、系列培训

研究团队基于中小学课堂流程形成了 11 个教学设计主题的原理与操作标准，全部采集大量切片，并以切片分析报告的方式展示给中小学教师。实践表明，这些切片分析报告很受中小学教师的欢迎。它们具有与一般学术报告不同的特点：①所有切片都是鲜活的、真实的案例（切片）。所有切片全部选自中小学的课堂实践，真实、生动，使枯燥的理论变成了鲜活的案例。②所有教学设计原理皆提供了操作办法，站在教师"教"的角度为其提供操作办法，具有很强的实践性与可操作性。③这些教学设计主题体现了一节课的核心教学设计，换句话说，是每一位教师所必需的，且具有很强的系统性。

11 个教学设计主题涵盖了一节课的基本教学设计活动，是上好一节课的基础，是教师最基本的教学设计能力，也是评价一节课的最基本理论依据，可以被用来开展如下工作：第一，培训中小学骨干教师，提升教学设计能力，实现有效教学；第二，培训中小学教研员，实现基于标准的评课，即评课专业化。上述培训可结合教学案例进行，共 10 期，可持续半学期进行系列培训。

（二）以中小学教师为主体，开展常态化的课堂教学切片诊断

课堂教学切片诊断是为中小学教师开发的一种听评课方法，以专业化的听评课替代低效的传统听评课，形成教研特色。在此过程中，教师归纳、提炼支配教学行为发生的经验，生成实践性教学理论。从校本教研的角度，完整的课堂教学切片诊断通常需要两周时间，第一周是听评课，寻找切片；第二周是切片或切片分析报告展示。它本质上是以一线中小学教师为主体进行教学设

计原理生产的过程，是研究型教师培养的过程，也是教学设计原理内化为教师专业素质的过程。

　　切片分析报告按主题可以分为公共教学设计主题与学科教学设计主题。切片分析报告的最终目标是每位中小学一线教师制作10个公共教学设计报告及两三个专业设计报告。需要说明的是，在持续开展校本切片诊断的同时，中小学校要经常开展集体理论学习，学习的主要内容是教学设计原理，特别是11个教学设计主题的教学设计原理（这些原理仍需要进一步丰富或完善）。中小学一线教师理论学习的文献包括相关著作及研究团队提供的文章，这些文章是精心挑选、针对性强并且适合中小学教师阅读的学术论文。

第七章

中小学教师制作的课堂教学切片诊断案例

案例一　语文主问题教学设计切片诊断报告

郑州市第五十一中学　张文星

对于语文课来说，成功的课堂主问题教学设计往往能起到"四两拨千斤"的效果。抓住关键点进行提问可以激活学生的兴奋点，提升其学习兴趣，它是语文教学中进行思维训练的有效方法。好的课堂主问题教学设计不仅有利于学生快速梳理文本内容，加深对文本的理解，激发学习兴趣，还有助于顺利展开课堂教学和增强课堂生成的有效性。所以针对不同体裁的课文有不同的设计思路，应依题定教。在此，我以"杞人忧天""我的叔叔于勒""我爱这土地"三节课为例，进行语文主问题教学设计切片诊断。

一、主问题设计的定义和特点

主问题是课堂提问的核心问题，是针对教学中零碎和肤浅的、学生活动时间短暂的应答式提问而言的，余映潮老师认为，主问题有以下三个特点[1]。

1）主问题是教师精细阅读文本后概括、提炼出来的，是能引发整体性阅读的教学问题。

2）主问题对教学内容与过程有内在的牵引力，每个问题都可以构成教学活动的一个板块。

3）主问题在教学中出现的顺序是经过认真考虑的，其出现的顺序是一种科学有序的安排，它们在教学过程中发挥着自己的作用。

---

[1] 余映潮．板块式思路与主问题设计[J]．语文教学通讯．2014（30）：73-74．

二、语文主问题教学设计的原则

原则一：主问题的设置符合文体特征，即"以体定教"。

原则二：主问题教学设计呈现清晰的教学线索与结构，即"具有层次性"。

原则三：主问题教学设计有利于揭示文本主旨，或挖掘"人性""社会性"，即"有价值"。

原则四：主问题教学设计中的提问和学生的参与都具有广泛性特征。

三、语文主问题教学设计的关注点

依照上面的主问题设计原则，加入个人对具体课例的理解，我认为好的主问题设计要重点关注以下几点。

1）主问题设计要紧扣目标，层层递进，环环相扣，由浅入深，符合学生的认知规律。

2）关注文本的体裁。不同体裁的教学重点不同，比如小说关注人性和社会性的挖掘，散文注重情感体验等。

3）关注文本的社会背景和作者的写作背景，因为这些背景与理解文本的主旨有很大关系，有助于学生正确把握文本写作的真正价值。

4）提问形式多样，关注学生参与的积极性和广泛性。

四、课例分析

我以语文组"杞人忧天""我爱这土地""我的叔叔于勒"（图 7-1）三节课为例进行课堂教学切片诊断。

"杞人忧天"主问题设计
1.课文诵读及字词梳理。
2.小组合作翻译课文。
3.内容分析、归纳寓意。
4.思考与探究，换种眼光看世界。

"我的叔叔于勒"主问题设计
1.梳理情节。
2.品析人物形象，初探主旨。
3.儿童视角的作用，多角度深探主旨。
4.故事叙写，小试牛刀。

> "我爱这土地"主问题设计
> 1. 诵读诗歌，初悟情感。
> 2. 分析意象，再悟情感。
> 3. 品读词语，深悟情感。

图 7-1　"杞人忧天""我的叔叔于勒""我爱这土地"主问题教学设计

这三篇课文主问题教学设计的优缺点如下。

1）主问题教学设计紧扣目标，层层递进，环环相扣，由浅入深，符合学生的认知规律。如"杞人忧天"一课有四个主问题设计，以文言、文章、文学、文化四个板块为线索，环环相扣、由浅入深，符合学生学习文言文的认知规律。再如《我爱这土地》是诗歌体裁，在反复诵读的基础上分析意象，进而深层品析诗句中渗透的深厚的情感和社会主题，符合学生学习诗歌的认知规律。

2）主问题教学设计关注了体裁特点、文本内容、创作背景、社会意义等，具有提问的价值。比如，《我的叔叔于勒》是小说体裁，以塑造鲜明的人物形象为中心，依托具体的故事情节和环境描写来反映重大的社会主题。因此"梳理情节""品析人物形象""故事叙写"这三个主问题教学设计，符合学生学习小说的基本规律，分析人物形象时紧扣小说创作的社会背景，引导学生设身处地与人物对话，使其融入情节变化并深刻理解作品的社会意义。

3）提问的形式多样，学生参与的积极性和广泛性很强。比如，这三个课例都关注到主问题的层次性和难易程度要与适当的提问方式紧密配合：知识点检测运用"抢答"的方式来夯实基础；问题分析可以"举手发言"畅谈观点；难点探究采用"小组合作"攻坚克难等，学生的参与度很高。

缺点：个别主问题的语言表述还不够准确，指向性不明确。

具体而言，"杞人忧天"一课的"思考与探究"比较肤浅，拓展延伸和主旨有一点偏离。"杞人忧天"主旨包含"忧患意识"，而"庸人自扰"纯粹是贬义的，学生在这一环节有些偏离，这与主问题的语言表述不够准确有一定关系。

五、语文主问题教学设计的总结归纳

1）问题设计紧扣目标，层层递进，环环相扣，由浅入深，符合认知规律。
2）关注体裁特点、文本内容、创作背景、社会意义等，挖掘文本价值。
3）提问的形式多样，学生参与的积极性和广泛性强。

总之，教学有法，教无定法，学无止境，教也无止境，只要我们在教学实践中不断探索、不断总结、不断创新，就能把握主问题教学设计这门艺术，就能开启一扇扇心灵之窗，让无比绚烂的知识阳光洒满学生的心田。

案例二 教学目标的预设与叙写切片分析：以初中道德与法治"服务社会"一课为例

郑州市第五十一中学 蒋艳红 潘容忍

教学目标是一节课的起点与终点。课堂教学目标是教与学的核心和灵魂，它建立起教学的预期与期待，增强教师的主导性和学生的主体性，具有导向、激励、标准的作用。

一、教学目标预设的依据

教学目标是指教学活动实施的方向和预期达成的结果，是一切教学活动的出发点和最终归宿，所以教学目标的全面准确就显得尤为重要。如何判断预设的教学目标是否全面准确呢？其主要依据以下三个方面。

（一）教学目标的预设依据课程标准

课程标准规定的是国家对国民在某方面或某领域的基本素质要求，是某一学科课程性质、课程目标、内容目标、实施建议的教学指导性文件。因此，它毫无疑问地对教材、教学和评价具有重要的指导意义。教育目的的具体化是课程标准，课程标准的具体化就是教学目标。所以说制定教学目标最重要的依托就是课程标准。

《道德与法治课程标准（2022年版）》对"服务社会"（人教版道德与法治八年级上册第三单元）这节课的要求是：主动参与社会公益活动和志愿者活动。孔老师在执教"服务社会"这节课时制定的教学目标如图7-2所示。

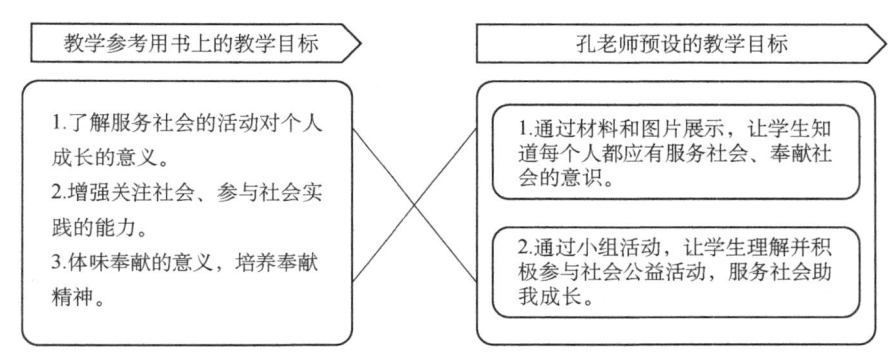

教学参考用书上的教学目标
1. 了解服务社会的活动对个人成长的意义。
2. 增强关注社会、参与社会实践的能力。
3. 体味奉献的意义，培养奉献精神。

孔老师预设的教学目标
1. 通过材料和图片展示，让学生知道每个人都应有服务社会、奉献社会的意识。
2. 通过小组活动，让学生理解并积极参与社会公益活动，服务社会助我成长。

图7-2 "服务社会"一课教学参考用书上的教学目标与孔老师预设的教学目标对比

从这两个教学目标来看，孔老师对课程标准进行了有效分解。

（二）教学目标的预设依据教师参考用书

《道德与法治课程标准（2022年版）》中的要求是教学目标的概括化，如何将概括化的教学目标进行分解制定出具体的教学目标，就需要教师认真钻研教材、吃透教材每一部分的设计意图，这样才能准确地把握教材内容，制定出较为准确、全面的教学目标。

通过对比"服务社会"一课教学参考用书上的教学目标与孔老师预设的教学目标对比发现，孔老师预设了知识、情感、价值观的内容，需要增加学生核心素养公共参与部分社会实践的内容。

（三）教学目标的预设依据学情

在课堂教学中，学生是一切教学活动的出发点和落脚点，脱离学生实际的教学目标没有任何使用价值。所以在制定教学目标时，教师除了要通过对相应的课程标准进行有效分解，通过吃透教材、把握编者意图来确定教学内容之外，还要明确将学生"带向哪里"。教师应充分关注学情，了解学生现在"在哪里"。唯有在此基础上，教师才能更好地把握教学的重难点，制定的教学目标方向才更精准。

为了解学情，这节课采用问卷星的方式对学生进行调查，教师通过问卷星获取数据，并进行分析和整理，以了解学生对本节课话题所具备的相关知识。

有关"服务社会"的问卷调查

第1题 你平时关注身边的公益活动吗？[单选题]

第1题的调查结果如图7-3所示。

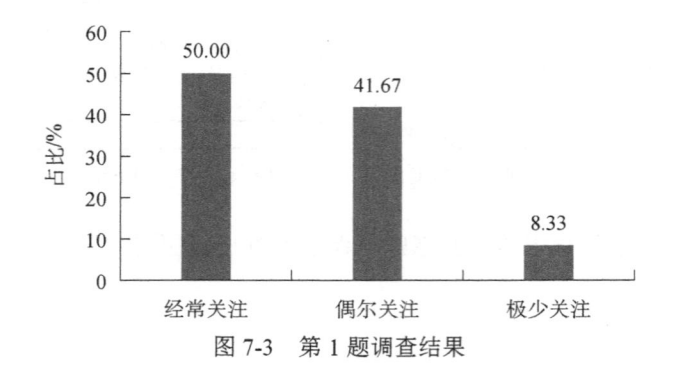

图7-3 第1题调查结果

第2题 你会参加学校、社区组织的公益活动吗？[单选题]

第2题的调查结果如图7-4所示。

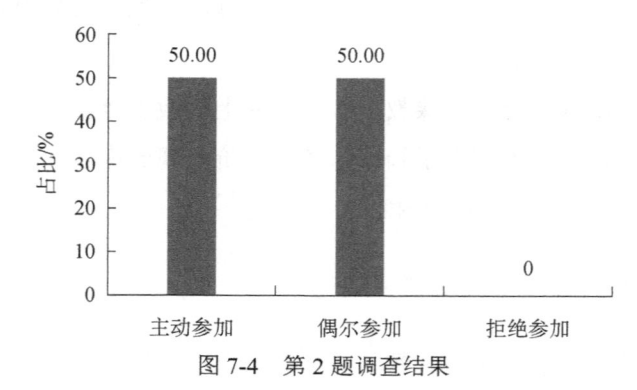

图7-4 第2题调查结果

第 3 题　你一般比较喜欢参加什么类型的社会公益活动？［单选题］

第 3 题的调查结果如图 7-5 所示。

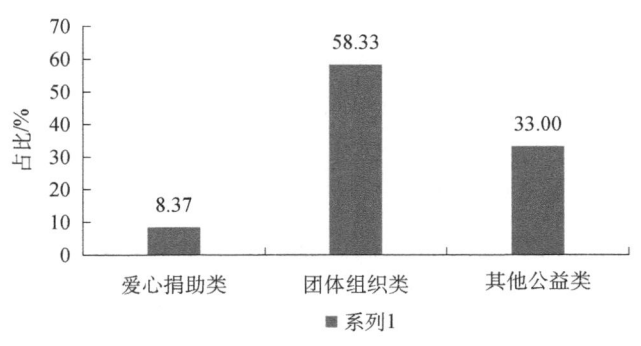

图 7-5　第 3 题调查结果

第 4 题　你参加社会公益服务实践活动的目的是什么？［单选题］

第 4 题的调查结果如图 7-6 所示。

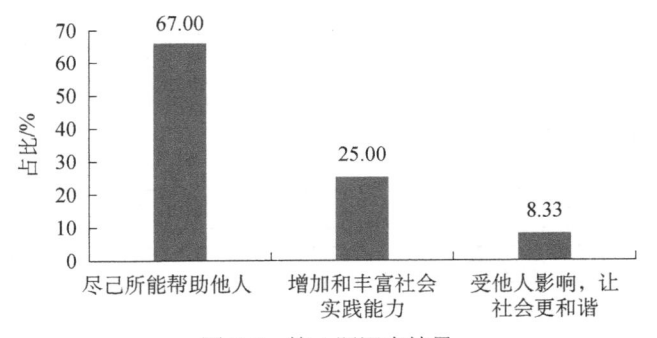

图 7-6　第 4 题调查结果

通过这次问卷调查发现，绝大部分学生认为服务社会有重要意义，也懂得应更好地服务社会。他们在成长过程中有一定的责任心，通常能够自觉承担社会责任，在服务和奉献社会的过程中收获快乐、健康成长。调查也发现一小部分学生以自我为中心，冷漠对待他人，不愿服务社会。因此，在教学过程中，教师应加强正能量教育，示范榜样的力量，引导学生健康、向上、向善。

二、教学目标的叙写要求

教学目标支配着教学的全过程,并规定了教与学的方向与策略,所以清晰合理的教学目标可以清楚地告诉教师整个教学活动及其预期达到的结果或标准。那么,教师该如何叙写教学目标呢?

(一)教学目标的叙写要完整、具体、可测

完整的教学目标必须包含四个核心元素——行为主体、行为动词、行为条件和行为标准,即谁来学、学什么、在什么条件下学、学到什么程度。这四个核心元素相辅相成,缺一不可。

(二)教学目标的叙写层次要清晰

一节课的教学目标不止一个,且多个教学目标之间的层次和水平也不尽相同。在实际教学时,教师要将这些目标按一定顺序排列,从而引导学生由浅入深、由表及里、由简到繁地逐个实现教学目标。孔老师预设的教学目标与教学目标的叙写结构如图 7-7 所示。

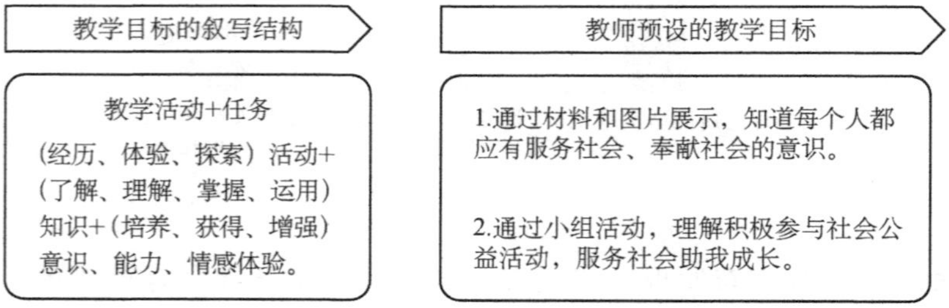

教学目标的叙写结构	教师预设的教学目标
教学活动+任务 (经历、体验、探索)活动+ (了解、理解、掌握、运用) 知识+(培养、获得、增强) 意识、能力、情感体验。	1.通过材料和图片展示,知道每个人都应有服务社会、奉献社会的意识。 2.通过小组活动,理解积极参与社会公益活动,服务社会助我成长。

图 7-7　孔老师预设的教学目标与教学目标的叙写结构

通过分析发现,孔老师预设的教学目标符合目标叙写结构,但活动不够具体且操作性不强,其预设的教学目标中的行为动词应更加准确。按照教学目标叙写的要求进行修改,如图 7-8 所示。

图 7-9 为同行教师对"服务社会"这节课的教学目标设计。

按照教学目标叙写的要求,对同行教师的教学目标修改如图 7-10 所示。

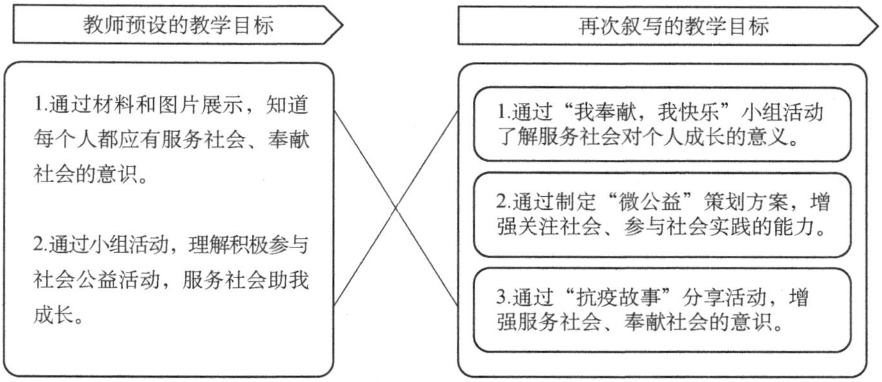

第七章 中小学教师制作的课堂教学切片诊断案例

教师预设的教学目标

1. 通过材料和图片展示，知道每个人都应有服务社会、奉献社会的意识。

2. 通过小组活动，理解积极参与社会公益活动，服务社会助我成长。

再次叙写的教学目标

1. 通过"我奉献，我快乐"小组活动了解服务社会对个人成长的意义。

2. 通过制定"微公益"策划方案，增强关注社会、参与社会实践的能力。

3. 通过"抗疫故事"分享活动，增强服务社会、奉献社会的意识。

图 7-8 修改后的教师预设的教学目标与再次叙写的教学目标

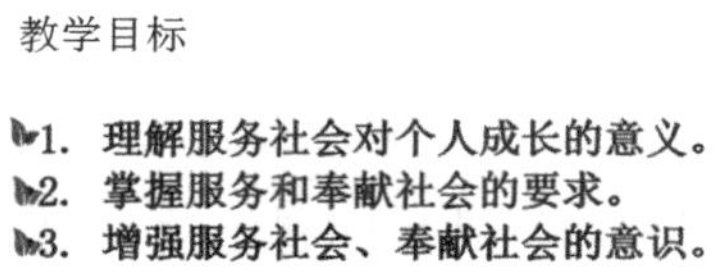

教学目标

▶1. 理解服务社会对个人成长的意义。
▶2. 掌握服务和奉献社会的要求。
▶3. 增强服务社会、奉献社会的意识。

图 7-9 同行教师对"服务社会"这节课的教学目标设计

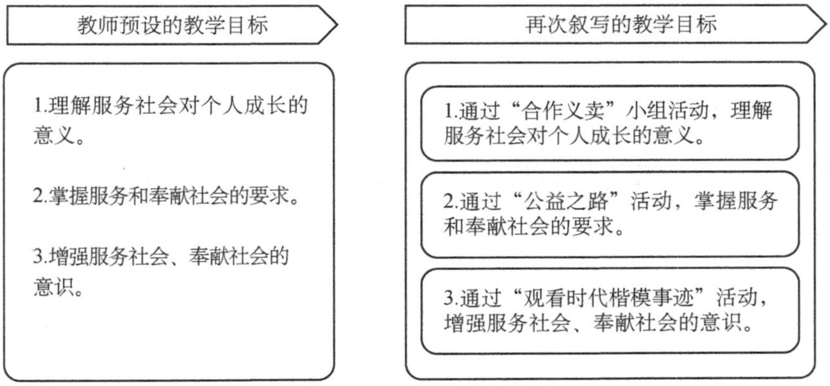

教师预设的教学目标

1. 理解服务社会对个人成长的意义。

2. 掌握服务和奉献社会的要求。

3. 增强服务社会、奉献社会的意识。

再次叙写的教学目标

1. 通过"合作义卖"小组活动，理解服务社会对个人成长的意义。

2. 通过"公益之路"活动，掌握服务和奉献社会的要求。

3. 通过"观看时代楷模事迹"活动，增强服务社会、奉献社会的意识。

图 7-10 对同行教师的教学目标修改

三、总结教学目标设计原理

（一）教学目标预设内容完整

教学目标预设内容应完整，须按照以下要求：①依据课标；②依据教师参考用书；③依据学情。

注意：制定教学目标要关注到"三维一体性"，三维即知识与技能（一维）、过程与方法（二维）、情感态度与价值观（三维）。三维目标不是指分裂的三个目标，而是某一学习活动的三个方面。

（二）教学目标叙写结构科学

教学目标体现着教师的美好愿望，教师必须时刻关注学生究竟是否能够到达目的地，以及到达什么程度。教学目标的预设与叙写是有效教学的关键，应先于教学设计展开。科学的教学目标叙写结构为：教学活动+任务（经历、体验、探索）活动+（了解、理解、掌握、运用）知识+（培养、获得、增强）意识、能力、情感体验。

教师应高度重视教学目标叙写结构的科学性，相互学习，不断反思。尽管每一个教学目标的叙写未必完全合乎规矩要求，但在设计教学目标时，教师要做到"心中有标，目中有人"，真正关注学生这个学习主体，使一切教学活动都基于促进学生的学习展开，有效教学才真正有了明确的方向、标准和依据。

案例三 教学结构与线索的设计规律：以初中英语阅读课为例

郑州市第五十一中学　王媛媛

"线索"是统摄一堂课的思想灵魂。清晰的教学线索具有三个功能：一是统领整堂课内容，二是引领教学活动，三是流畅教学过程。因此，清晰的线索能够体现教师授课纵向推进的思路。"结构"即课堂教学的基本框架：线索纵向推进，随线索不断展开的教学内容，形成课堂的"纵向结构"；围绕线索上的教学内容设计探究点并展开探究过程，则形成课堂的"横向结构"。优秀的教学线索＝教学美＝高效。教学线索能使听课者在复杂的教学内容中理清教学头绪，使教学内容于散乱之中显现完整性、于单纯之中隐现丰满，从而使不断呈现的内容既在人意料之外又在情理之中，妙不可言。

以人教版九年级英语全一册第 6 单元 Section B 2b 的一节阅读课为例。该语篇以篮球的起源为核心，介绍了它如何被发明以及受欢迎的原因。通过阅读此文，旨在让学生了解运动文化及运动精神。

一、如何设计合理的结构

课堂结构分为纵向结构和横向结构，教师在进行教学设计时，一般先设计纵向结构，再设计横向结构。

（一）抓住"核心问题"，形成课的纵向结构

结构与线索是探求问题的脉络，贯穿整个教学过程。张老师执教的这节课围绕篮球的起源与发展展开，她以一个纵向结构（即 To be a … reader/teller，完成不同任务就达成不同的学习层级身份）、三个横向结构（即提高概括的能力、观察细节的能力、提取课文信息勾画习作思维导图的能力）、两个横向线索（即提炼"方法"线索及提炼"思想"线索）达成本课的终极目标，即情感升华。

（二）从"核心问题"中设计"相关问题"，形成课的横向结构

教师围绕"探究点"及"核心问题"，展开探究过程及形成课堂的横向结构。为了进一步强化和定位横向结构，教师可将核心问题设计成若干相关问题，从而形成横向结构上的关键节点（图 7-11）。

在纵向结构中，张老师根据学生的学情，在能力培养上遵循先易后难、层层递进的原则，分别设计了以下环节。

第一，提高概括能力的问题（图 7-12）。

第二，观察细节能力的问题（图 7-13）。

第三，通过提取课文信息，填写思维导图，复述课文，构建习作思维导图（图 7-14）。

> 张老师的这节课围绕篮球的起源与发展展开，她以一个纵向结构，两个横向线索，贯穿了教学过程的脉络及探究问题的程序。

```
┌─● To be a smart reader!         纵向结构
│   ↓
│   阅读策略                       能力递进
│
├─● To be a careful reader!       横向线索
│   ↓
│   思维导图的构建
│                                 阅读策略+
├─● To be a wnderful teller!      情感升华
    ↓
    情感升华
```

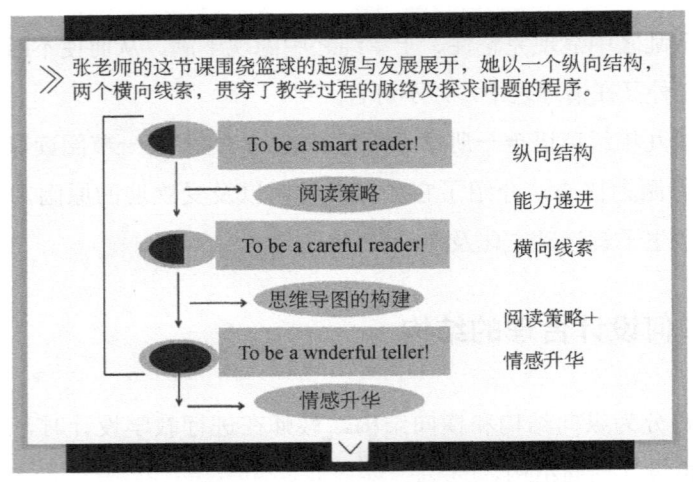

图 7-11　张老师课堂的纵向结构和横向线索

> 纵向结构：能力进阶1-概括能力。

To be a smart reader!

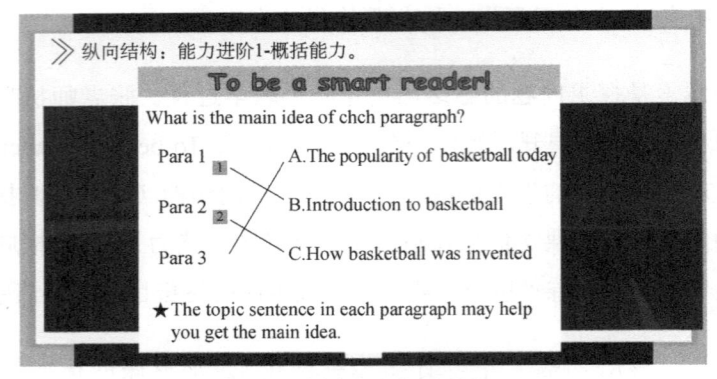

What is the main idea of chch paragraph?

Para 1 — ① — A.The popularity of basketball today
Para 2 — ② — B.Introduction to basketball
Para 3 —   — C.How basketball was invented

★The topic sentence in each paragraph may help you get the main idea.

图 7-12　提高概括能力的问题

> 纵向结构：能力进阶2-观察细节的能力。

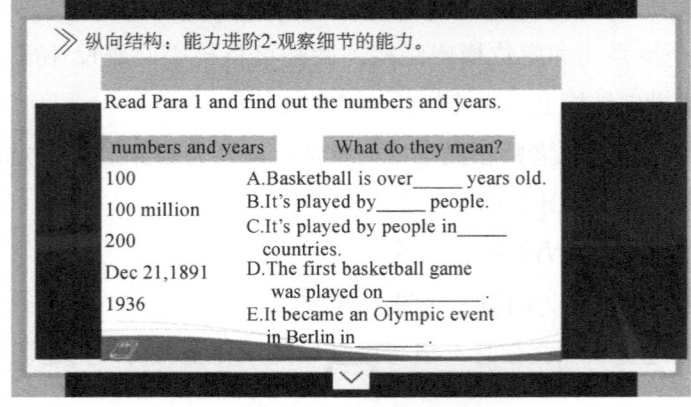

Read Para 1 and find out the numbers and years.

numbers and years	What do they mean?
100	A.Basketball is over＿＿ years old.
100 million	B.It's played by＿＿ people.
200	C.It's played by people in＿＿ countries.
Dec 21,1891	D.The first basketball game was played on＿＿.
1936	E.It became an Olympic event in Berlin in＿＿.

图 7-13　观察细节能力的问题

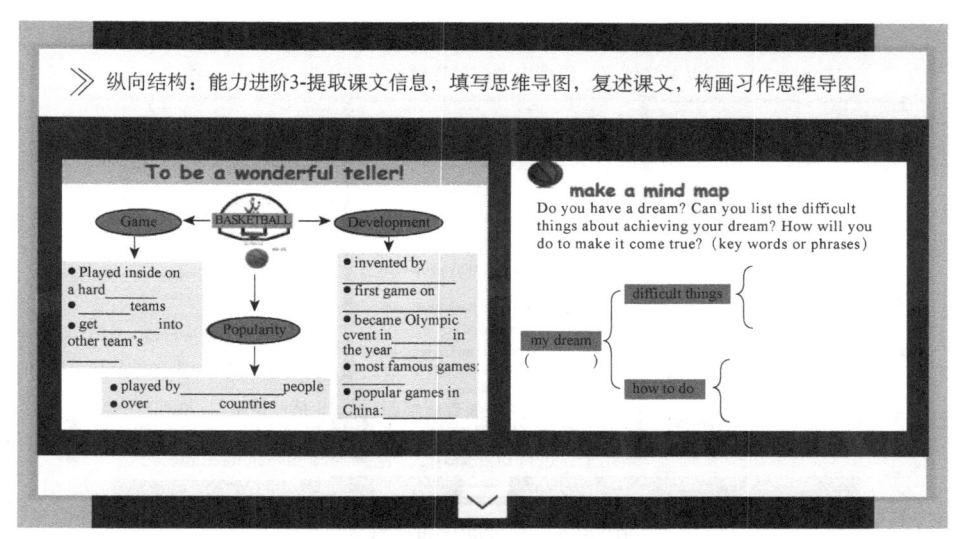

图 7-14　构建习作思维导图

二、如何提炼清晰的线索

教师提炼清晰的教学线索时，可以从以下三个途径或角度进行。

（一）从研究点的分析入手，提炼"方法"线索

阅读课的探究点就是阅读策略，要激活初中学生英语阅读的策略，需要注重对阅读方法的传授，使学生能够在面对文章时有技巧地学习。在本课例中，张老师围绕中考阅读理解的三种题型，渗透了三种阅读策略线索（图 7-15）。

1）泛读策略：主旨大意题，首尾段找主题句。

2）精读策略 1：细节理解题，对一些事例、数字等画句子，进行对照解题。

3）精读策略 2：推理判断题。解题技巧是寻找线索悟出字里行间的意思。

（二）从人文教育的素材入手，提炼"思想"线索

一节完整的阅读课除了要培养学生阅读技巧、策略与能力外，情感升华也是不可少的。为此，张老师在每完成一个策略任务后就会适时地进行情感升华（图 7-16）。

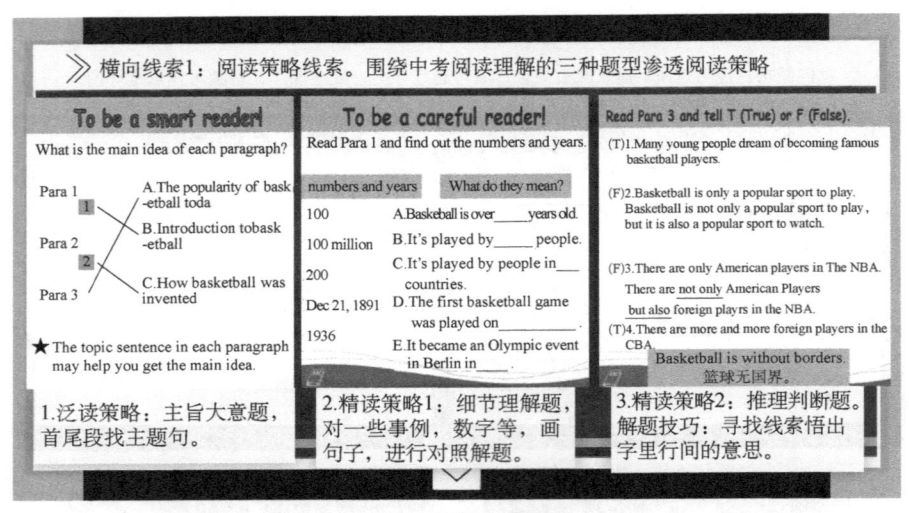

图 7-15　三种阅读策略线索

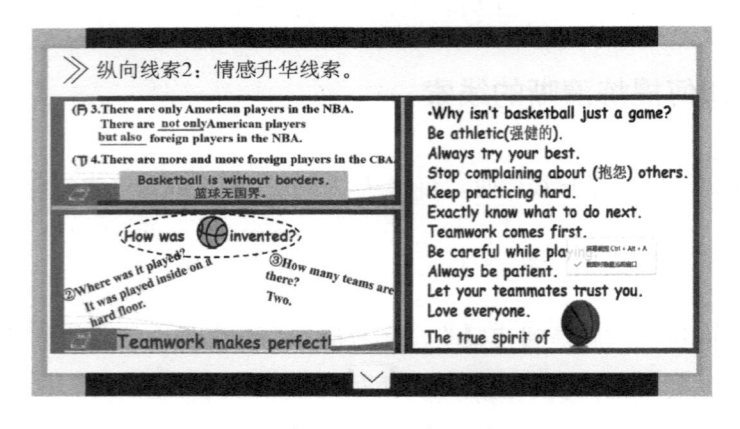

图 7-16　情感升华线索

三、这节课的设计亮点

（一）设计了合理的课堂教学结构

以完成不同梯度的阅读任务为驱动，将"To be a smart reader/ To be a careful reader /To be a wonderful teller"作为教学结构统领整堂课的教学，使教学活动按照预设目标有序展开，确保了课堂教学难度的梯度性、科学性和教学内容的流畅性（完整性尚欠缺）。

（二）提炼清晰的课堂教学线索

随着能力梯度的纵向推进而伴随展开的课堂教学内容成就了本节课的纵向结构；而依据结构上的教学内容和创设的探究点（阅读策略）引导学生积极展开探讨，便成就了这节课的横向线索。

（三）以读促写

通过填写思维导图，复述课文，勾画习作思维导图，引导学生实现语言知识和文化知识的内化与运用，培养学生的应用实践能力和迁移创新能力。

（四）彰显学科美感

合理的课堂结构使诊断者感受到线索纵横交错和有序推进带来的结构之美，最后的情感升华表现了师生之间的情感交融，以及互动合作的人性之美、和谐之美。

四、改进建议

1）课的纵向结构还有待丰富与完整（图7-17）。

2）课的纵向结构还有待更扎实地推进目标，比如：

目标：1. Learn to change the information you read into a mind map.

建议增加目标 2. Learn to make a mind map according to para2/3.

3）能力培养方向：这节课不仅要培养学生用现成的导图填写信息的能力，还要引领学生通过自制思维导图提高逻辑思维能力、信息整合能力、创造能力。

4）课的横向线索要围绕目标及结构有效展开：①Talk about your own dream and how to make it come true in groups. ②Learn to know the difficulty and the hard work of success.

建议在课本上的思维导图中增补"难点"及"怎么做"的内容。

5）设计"有效问题"导向目标的生成：What makes a professional player so difficult?/ How to change difficulties into challenges?

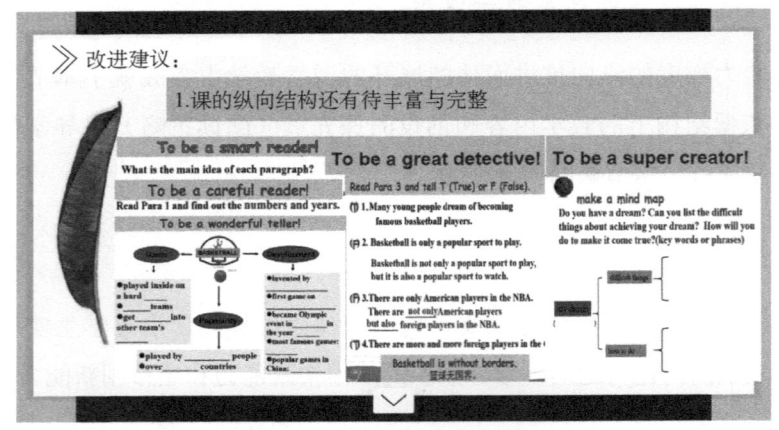

图 7-17　课的纵向结构改进

五、课堂教学切片诊断总结

1）教师要做到科学合理地设计课堂教学结构，一定要以教学目标为抓手，充分体现其重难点，将结构与线索协调运作，追求合理化、科学化和高效化，实现生动课堂教学效益最大化的初衷。

2）教师要学会在"教学线索"中设计"有效问题"，精准驾驭问题呈现序列，让"纵向结构"有序展开。（What makes a professional player so difficult?/ How to change difficulties into challenges？）

3）教师要学会结合教学目标需要优化调整教学资源，要敢于创造性地使用资源，做到资源为目标服务。

案例四　英语阅读课教学重难点的确定与处理

郑州市第五十一中学　李桂芳

《义务教育英语课程标准（2022年版）》指出，英语课程要培养的学生核心素养包括语言能力、文化意识、思维品质和学习能力等方面。英语课程内容主要由主题、语篇、语言知识、文化知识、语言技能和学习策略等要素构成。根据该课程标准，初中英语课教学重点主要包括学生需要掌握的语言知识、文化知识和需要培养的语言技能；教学难点主要包括学生难以理解和掌握的语言知识，以及学生难以达成的语言技能。准确把握和合理处理教学重难点是一节课达成教学目标的关键。接下来我将就教学重难点的确定和处理对童老师的人教版八年级英语上册第五单元 Section B 2b 的一节阅读课进行切片分析。

一、课例介绍

这节课是人教版八年级英语上册第五单元 Section B 2b 的一节阅读课。这篇文章以一个广为人知的卡通形象米老鼠（Mickey Mouse）为核心，介绍了此动画角色、与其相关的卡通片以及作者受欢迎的原因。通过阅读此文，旨在让学生了解美国卡通在美国文化中的重要作用。

二、英语阅读课重难点切片标准

初中英语课程具有重要的育人功能，旨在发展学生的语言能力、文化意识、思维品质和学习能力等英语学科核心素养，落实立德树人的根本任务。以发展学生英语学科核心素养为中心，结合河南省中考阅读理解考点，英语阅读课重难点切片标准应包括以下三个方面的内容：①是否培养学生运用 scanning（略读）策略提取细节信息的能力。②是否培养学生运用 skimming（跳读）策略培养学生归纳总结能力、逻辑思维能力、推理判断能力等思维品质。③是否通过以读促写，培养学生的创新能力，促进学生对所学知识的内化吸收。

三、课例分析

童老师设计的这节课的重难点如图 7-18 所示。

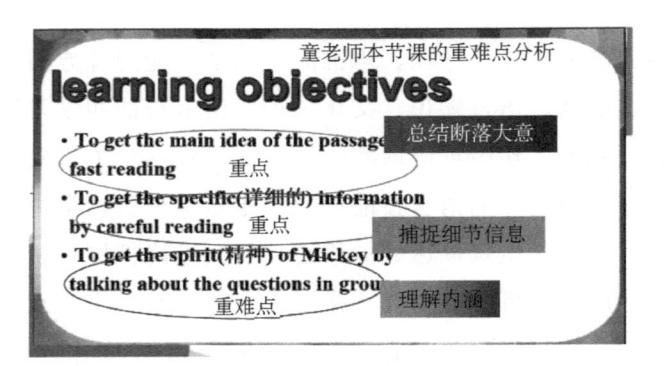

图 7-18　童老师设计的这节课的重难点

童老师从三个方面解决这节课的重难点。首先，童老师设置了思维导图、补全句子和判断正误三个任务培养学生观察细节的能力（图 7-19）。

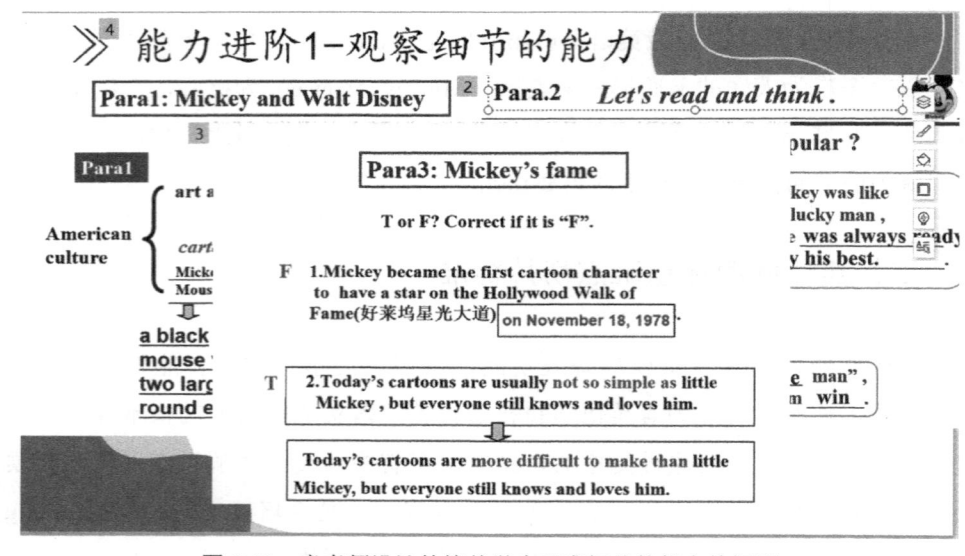

图 7-19　童老师设计的培养学生观察细节的能力的问题

其次，童老师让学生略读文章归纳总结文章的段落大意，培养学生的归纳总结能力（图 7-20）。

最后，童老师设置了四个问题。这四个问题涉及中西文化对比、人物性格分析及自我反思，进一步促进学生思维品质的发展，使学生从跨文化视角观察和认识世界，这对学生来说有一定难度。童老师采用让学生小组合作、老师及时指导的形式突破这节课的难点（图 7-21）。

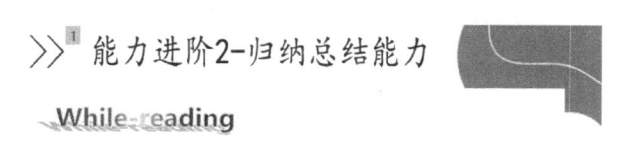

>> 能力进阶2-归纳总结能力

While-reading

Read each paragraph quickly and try to get the main idea.

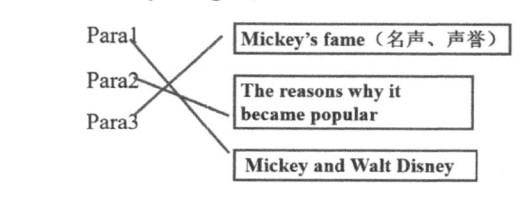

Para1 —— Mickey's fame（名声、声誉）
Para2 —— The reasons why it became popular
Para3 —— Mickey and Walt Disney

图 7-20　童老师设计的培养学生归纳总结能力的问题

图 7-21　童老师采用让学生小组合作、老师及时指导的形式

从以上三个部分可以看出，童老师在处理重难点时非常用心，做到了因材施教。但是一节完整的阅读课除了要培养学生细节提取能力、归纳总结、分析对比能力外，还要培养学生的创新能力，所以，以读促写是不可少的。因此，对这节课教学目标和教学重难点有以下改进建议（图 7-22）。

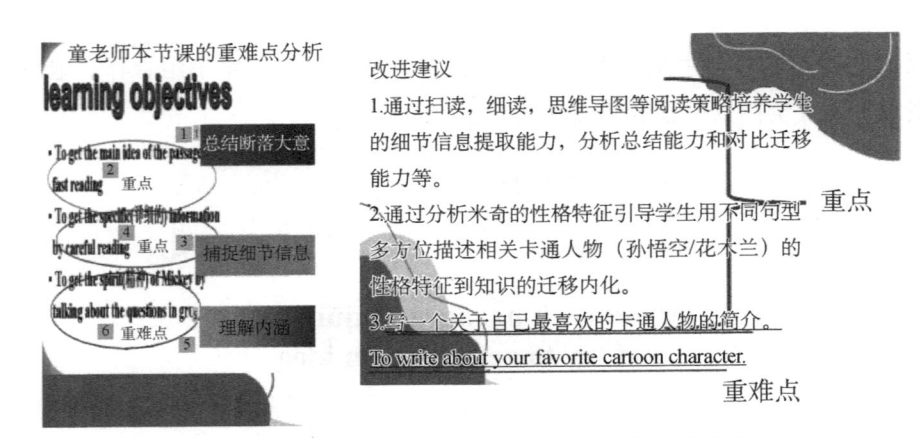

图 7-22　对这节课教学目标和教学重难点的改进建议

四、切片小结

教师要上好一节完整、高效的英语阅读课，应做到以下几点。

1）认真研读文本材料，找准重难点，制定准确全面合理的教学目标。重难点处理应设计由低阶到高阶层层递进的教学活动。

2）通过多种阅读策略培养学生提取细节信息的能力、归纳总结能力、推理判断能力、逻辑思维能力等，使学生从跨文化视角观察和认识世界，对事物做出正确的价值判断。

3）以读促写，引导学生实现语言知识和文化知识的内化与运用，培养学生的应用实践能力和迁移创新能力。

案例五　课堂生成巧处理 教师智慧润课堂：教学生成事件处理策略分析报告

开封市祥符区第三实验小学　和香玲

教学生成是教学矛盾的外在表现，指师生在教学互动过程中，由于双方在观念立场和发展水平等方面的差异而产生的在教学目标、内容、方法与评价等方面的分歧及对抗现象，它具有必然性、偶发性、危机性和价值性特征。按照引发生成事件的原因，教学生成事件可被分为两类：一是预设内容与生成内容不一致引发的生成事件；二是师生价值观不一致引发的生成事件。教学生成事件给课堂教学的顺利进行和教师本人的综合素质带来了挑战，它需要教师具备足够的教育智慧才能成功应对。

一、教学生成的意义

（一）生成事件促进了学生的发展

首先，生成事件能引起学生的学习兴趣。关注生成事件就是关注学生的学习兴趣，特别是学生特别感兴趣的问题生成更有助于学生集中注意力、积极投入学习。

其次，生成事件承载着学生的成长。生成事件是学生感兴趣的事件，有助于学生的思维发展和个性张扬。于学生而言，不同主体有两方面的差异：一是原有经验图式的差异，表现为对学习内容理解视角的差异；二是建构知识方式的差异，表现为解决问题的途径、策略的差异。学生对知识的理解、对问题的感悟，便常常呈现"一千个读者一千个哈姆雷特"的丰富样态。《基础教育课程改革纲要（2022年版）》指出，教师应注重培养学生的独立性和自主性，促进学生在教师指导下主动地、富有个性地学习。这就需要教师有"点火"的智慧，精心设计教学环节，或借助即时生成的分歧意见启发学生进行多渠道尝试、多视角探究、多维度理解、多层面对话，创建有智慧的课堂。教师不要急于教给学生什么，更不能满足于教给了学生什么。重要的是能不断激活学生的思维，创设"海阔凭鱼跃，天高任鸟飞"的广阔发展空间。这样的课堂才更有活力。

（二）生成事件是一种课程资源

动态生成本身就是在教学过程中随机开发和适时利用课程资源的过程。所以，教师在制定教学方案时要注重为学生提供丰富的课程资源：一方面，自己要进行教学资源的开发和筛选；另一方面，要指导学生通过各种渠道查找相关资料，从而优化生成，收获生成。课堂实践表明，有效的教学资源为学生个性化的操作提供了极大的空间，学生的表现精彩纷呈，令教师耳目一新。

二、教学生成处理策略

（一）课程设计有弹性，灵活调整实施策略

我们教研组一直重视教学生成在课题中的应用。其中陈老师执教"雾在哪里"一课时也遇到了生成事件。教学完生字读音后，有一个学生一直举手不放，陈老师发现后让学生站起来回答。学生说出在生字中发现了一个多音字。陈老师首先肯定学生善于发现的能力，将课件"返回上一页"，在该学生所指之处，随即拓展了这个多音字。

这个课例要求教师在课程设计上有弹性，根据课堂需要灵活调整实施策略。合情合理的微调使课堂发生了变化，学生的学习兴趣浓了，参与意识强了；教师在备课上也更加尽心尽力，最大限度地进行"预设"，以备不时之需。它使师生都得到了成长。

（二）科学把握、迅速判断生成事件的性质和价值，采用正确的处理方式

李老师执教"朱德的扁担"一课时就有一个生成事件。李老师在上课过程中，一个学生表现欲特别强，几次都"脱口而出"。这个孩子的思维非常活跃，注意力也很集中。老师对此采用先表扬再提建议的方式进行处理："你说得很对，也很有创意。可是你要是能举手发言，那大家一定会为你鼓掌。"接下来，这个学生听课就更积极了，发言前还举起了手。

在这个课例中，教师能迅速判断生成事件的性质、价值与教学内容有关，并及时采用正确的处理方式，以发展的眼光来看待课堂教学，采取积极的态度引领学生用正确的方式探究，而不拘泥于预设，使课堂成为师生互动、共同提

高的场所。

（三）课上尽量解决问题

在执教"古诗二首"时，我也遇到了这样的"生成事件"。在讲解生字"危"时，学生分析其结构。一个学生说："上下结构斜刀头儿。"凭以往经验，这似乎没有错。这时，另外一个学生说："半包围结构'卩字旁'。"直觉告诉我后面的学生应该查了资料，所以我当即决定把问题放到课堂解决。我迅速让学生查字典，结果两个偏旁都能查出来。课后，我又查阅了相关资料，结果表明这两个答案都是正确的。

对于能在短时间内找到答案的问题，教师要课上尽量解决。这样学生不迷茫，课堂也有能量；对于费时费力有争议的问题，可以在课后进行交流补充。

（四）正确对待学生在生成中的错误

在教学"古诗二首"一课时，我还遇到了另外一种生成。在教《夜宿山寺》这首诗时，我先让学生自读了古诗，接着请学生说说诗句中写了哪些事物，谈谈自己的理解并在小组内进行交流。

其他小组都在异常热闹地讨论，但第四小组的李同学并没有参加小组交流，而是饶有兴趣地画画。我走近一看，他画了星星、月亮和一座倾斜得很厉害的"危楼"，画面惟妙惟肖。看到这情况后，我首先肯定了他这幅画的功底了得，并且请其他学生对这幅画作出评价，同学们很快纠正了画中的错误，并从中掌握了诗句中"危"字的正确解释——"危楼"即高楼。

在这个教学片断中，我没有拘泥于教学设计，而是及时关注到了课堂的"生成"。自此，我深刻感受到教学机智应在于关注学生的学习过程与学习方法，并融入新知识的学习指导。同时，正确对待学生在生成中的错误。因为错误中往往能蕴含着创新的种子，我相信学生对这个诗句的理解已融入他们的情感中。教学需要预设，但预设不是课堂教学的全部。课堂教学的生命力和真正的价值在于预设下的教学生成。

新课程标准倡导的是"以人为本"的教育理念，以及"自主""合作""探究"中独特的、个性化的学习方式。作为教师，我们要不断探索这三大学习方式的具体有效的操作方法，让课堂充满生机和活力，让教育智慧之花时时绽放在课堂上。

总之，教学过程的生成性对课堂教学提出了更高的要求。教师既要创造性地使用教材，又要全面透彻地了解学生和有效地开发课堂资源，同时还要充满智慧地组织教学活动，以智慧引领知识建构，以智慧启迪智慧，从而观照学生成长的过程。

案例六　浅谈小学语文教学中拓展训练的有效策略

开封市祥符区第三实验小学　张瑞红

一、语文课堂教学中拓展训练的意义

什么是"拓展训练"？一位教育专家这样说：根据教材要求、文本特点、教学目标、学生基础、教师个性，在课堂教学中适时、适度、适量、适情地引入文本背景和相关内容，其中包括文字、音乐、图片、影像等媒介，并将其整合成读、写、思的教学策略，从而促进感悟，促成建构。①

《义务教育语文课程标准（2011年版）》强调，应拓展语文学习和运用的领域，使学生在不同内容和方法的相互交融、渗透和整合中开阔视野，提高语文素养。可见，拓展训练在小学语文课堂教学中有着不可忽视的重要性。它是课堂教学的延伸和发展，是对已学知识的加深和巩固，更是对学生发散思维的训练，以培养学生对知识的运用能力，加深学生对知识的理解和升华。

小学语文教师要想在课堂教学中将"活"的语文资源引进课堂，让学生的语文学习真正得法于课内，使学生在课堂教学中提高语文素养，就必须在拓展

---

① 贺慧. 阅读教学：拓展究竟怎么拓[J]. 湖南教育，2009（3）：36-37.

训练上下真功夫。

二、课例中拓展训练情况分析

（一）以周口市五一路小学单老师执教"生命 生命"为例

《生命 生命》是人教版四年级下册第五组的第三篇课文，作者杏林子通过生活中极为普通的三个事例——"飞蛾奋力挣扎逃生""小苗顽强地从墙缝里钻出来""倾听自己的心跳声"，引发人们对生命的深刻思考，阐释生命的价值和意义，并在文章结尾直抒胸臆"珍惜生命、决不让它白白流失，要让自己活得更加光彩有力"，表达了自己强烈的生命意识和积极进取的人生态度。

1. 课中第一次拓展

在这节课中，单老师在品读"飞蛾求生""香瓜子生长""静听心跳"这三个事例后，让一个学生读一读有关杏林子的资料，以便学生了解作者的经历，并引出杏林子对生命的感言"虽然生命短暂，但是，我们却可以让有限的生命体现出无限的价值。于是我下定决心，一定要珍惜生命，决不让它白白流失，使自己活得更加光彩有力"。

通过拓展作者的资料，学生了解了她不寻常的人生，与作者产生共情，感受到她生命的顽强以及对自己生命的责任感，从而加深了对课文内容的理解。同时，教师的教学也很自然地过渡到最后一个自然段，杏林子对生命的感言"让有限的生命体现出无限的价值"。

2. 新授课之后的第二次拓展

在学习完新课和把握文章中心之后，单老师又进行了第二次拓展，她引导学生说一说："怎样做才能让有限的生命体现出无限的价值？杏林子做到了，你知道还有谁做到了吗？""我们身边有没有这样的人？""我们应该怎么做？"单老师在课堂结尾安排了这次拓展，引导学生联系生活实际，理解中心句的含义，加深对课文内容的理解。这次拓展在学生个性表达的同时，也训练了学生的思维能力和语言表达能力。

（二）以郭老师执教"从军行"为例

《从军行》是唐朝诗人王昌龄写的一首边塞诗，全诗的主要内容是"青海长云暗雪山，孤城遥望玉门关。黄沙百战穿金甲，不破楼兰终不还。"在这节课上，郭老师在理解诗意、体会情感之后布置了写话训练，引导学生代替边关将士给家乡亲人写一封信，告诉他们为什么"终不还"，通过写话训练，让学生与边关战士产生共情，既加深了学生对古诗的理解，又升华了学生的情感，更是对学生口语表达能力的训练。

（三）以苗老师执教"夏天里的成长"为例

《夏天里的成长》是人教版语文六年级上册第五组课文中的第一篇文章，是梁容若《夏天》原文的片段。课文开篇以"夏天是万物迅速生长的季节"这一中心句引领全文，以"迅速生长"点明夏天成长的特征。作者围绕中心句分别从动植物的生长，山河大地、铁轨柏油路等事物的"长"，以及孩子的成长三方面进行具体描写。这个单元是习作单元，苗老师在引导学生理解课文的同时梳理、总结了这节课的阅读方法和写作方法，然后引导学生围绕中心意思进行小练笔"夏天不仅是万物迅速生长的季节，也是炎热难耐的季节。有人这样描述开封的三伏天：头伏摇小扇，二伏满头汗，三伏烧烤天。请围绕中心写一写：开封的三伏天，天热得发狂：＿＿。"

这节课的拓展训练既是对学生学习效果的反馈，又提高了学生的写作能力，落实了这个单元语文要素"从不同方面或选取不同事例，表达中心意思。"

（四）以我在组内公开课活动中执教"灯光"为例

《灯光》这篇课文是人教版语文六年级上册第八课，是一篇略读课文。这节课通过一个关于灯光的故事，歌颂了革命先烈的献身精神。在学生理解课文内容、感悟到郝副营长勇于献身的精神之后，我为学生安排了拓展训练：一是如果可以隔空对话，你想对郝副营长说些什么；二是在那个战火纷飞的年代，涌现出无数"灯光"式的人物。正是他们默默地燃烧自己，才换来我们今天的幸福生活。你知道他们的故事吗？

这节课的拓展训练是对文章中心思想的总结，也是感情的升华，同时又训练了学生梳理信息的能力，还让学生在思考、汇报交流中懂得现在的幸福生活来之不易，要好好珍惜。

三、课堂教学中拓展训练存在的问题

语文课堂教学拓展已经被广大教师接受，但是我们通常缺乏对拓展尺度的把握和有效拓展的经验，因此在教学中难免出现一些低效或无效的拓展。

（一）脱离课本的拓展训练

例如，一位教师上"荷花"一课讲到"如果把眼前的一池荷花看作是一幅活的画，那画家的本领可真大"一句时，说这个画家就是大自然，然后开始拓展提问"大自然还画了哪些美丽的图画"。

拓展训练应紧紧围绕教学目标、教学重点和难点，在立足教材的基础上，突破教材，对文本进行有效的拓展与超越。教师要始终牢记拓展训练要立足课本，只有文字是教学之本，是语文教学的主要凭借，也是最好的课程资源。

（二）脱离学情的拓展训练

例如：在教学"小壁虎借尾巴"一课的时候，一位教师花了大量的时间引入科学常识，说明壁虎的特点，观察壁虎的捕食录像，了解壁虎的生活习性。

教师准确把握学生的情况是顺利完成教学任务的前提。拓展延伸更要考虑学生的实际情况，切实做到符合学生实际，因材施教。因此，教师在拓展延伸时应注意照顾学生的个体差异，充分考虑不同学生的思维活跃区，多设计一些不同难度的学习内容、不同层次的训练项目，变分配式教学为自由选择式教学，从而提高学生的学习积极性。

（三）"喧宾夺主"的拓展训练

例如：一位教师上"水上飞机"一课时，只花 20 分钟的教学时间让学生读课文并总结出水上飞机外形奇特、特殊用途，而后就补充了网上搜集来的大量的有关水上飞机的图片、种类及用途介绍等。对于文质兼美的课文是如何以童话的形式、拟人化的手法形象地介绍水上飞机的广泛用途的，教师不再研读、品味。这导致课文的语言特色几乎完全被忽略，显然有悖语文课的初衷。

语文课堂里的拓展训练必须适度，应该把主要精力放在深入理解和把握课文上，由课内向课外延伸。教师应设计一些拓展活动，在最值得拓展的时机、地方去拓展延伸并掌握合适的"度"，切不可不着边际，影响语文教学的本体，以免喧宾夺主、本末倒置。

语文课堂教学就如一道道菜肴，课堂教学中的拓展延伸就如烧菜用的盐，没了少了，这道菜则给人感觉淡而无味，多了乱了同样让人无法入口。因此，适量、适度地进行拓展才是真正的有效拓展。

四、语文课堂教学拓展训练的有效策略

（一）知识能力的拓展

知识能力目标是课堂教学中最基础的目标。教师可以让学生在课外搜集、展示与文本有关的图片、音像资料、文字资料等，这个环节可结合课后的资料袋进行。教师也可以自己从网络、书本等途径找到相关资料来展示交流，例如，在上述课例情况分析中，单老师执教"生命 生命"一课时进行的拓展训练。她在引导学生梳理完三个事例后，让一个学生读一读搜集到的有关杏林子的资料，从而让学生了解作者的经历，并很自然地引出杏林子对生命的感言，这就属于知识能力的拓展。

（二）学习方法的拓展

老子云："授人以鱼，不如授人以渔。"教师在教学中可以根据课文的特点

指导学生学习一段文章后，引导学生归纳学习方法，让学生运用此方法学习其他段落；也可以在执教一篇文章后，总结阅读方法和写作方法，再让学生运用到课外的阅读和写作中。例如：上述课例分析中苗老师在梳理《夏天里的成长》这篇文章的写作方法之后进行的小练笔，就属于学习方法的拓展。

（三）情感的拓展

关于情感的拓展，我们可以将其理解为：为深化学生在阅读过程中的感受、体验、理解和价值取向，使学生人文素养得到提高而设计的教学活动。其包括：阅读作者的其他作品，体验作者作品的风格，加深对作者的认识；把自己与文本中的主人翁进行类比，体验文本的人文精神；创设问题情景，寄情于景，移情于己。例如：在上述课例情况分析中，郭老师执教"从军行"时让学生代替边关将士给家乡亲人写一封信，告诉他们为什么"终不还"的写作训练和我在执教"灯光"一课中的拓展训练都属于情感的拓展。

综上，拓展训练可以是一道精心设计的练习题，可以是给一个字多组几个词，可以是看一幅相关的图画，可以是仿写一段话、一首诗，可以是引导学生听一首歌，可以是让学生看一段视频……只要能延伸课堂知识、能加深学生对知识的理解、能帮助学生巩固知识和运用知识、能训练学生的发散思维能力的教学环节就是拓展训练。拓展训练在教学过程中有着重要的作用。

案例七　语文课堂教学中解词的艺术切片诊断

开封市祥符区第三实验小学　汪　娜

学习语文的重要任务是正确理解和运用语言文字，丰富积累语言，培养语感，发展思维。《义务教育语文课程标准（2022年版）》第一学段的目标指出，结合上下文和生活实际了解课文中词语的意思，在阅读中积累词语。由此可见，语文词语教学与阅读教学的关系：词语教学为阅读奠定基础，为儿童独立阅读排除障碍；阅读是积累词语、发展语言的重要载体和途径。

　　解词教学是语文阅读教学的重点。每篇课文都会出现一些学生难以理解的词语，这些词语也往往成为学生准确理解课文内容、准确把握文章思想内涵的绊脚石。如果让学生一味地背诵抽象的词语解释条文或机械地解释词义，学生往往一知半解，并不能真正理解词语的意思，更不能领悟这些词语在文中所起的表达作用。如何引导学生准确地理解词义，把枯燥的讲解变成有趣的对白呢？在这一点上，著名的小语专家于永正老师就做得非常到位。于老师在词语教学上就舍得花时间、下功夫，他在备课时对课文中的每一个词语都细细琢磨，他把功夫花在看教材上，一个词一个词地去看。而作为一线教学岗位上的教师，我们在语文课堂解词教学中有哪些更好的方法呢？下面我结合实际课堂教学中的具体情况进行分析。

一、联系生活实际理解词语

　　小学生在现实生活中通过自己的所见所闻已经接受了大量的信息。其中有一部分信息已与书面词语建立了对应联系，他们在生活实际中已理解和掌握了这些词语，但更多的信息与书面词语并未建立联系。当学生在学习过程中遇到这类词语时，教师如果指导学生联系生活实际去理解，就可收到很好的效果。例如执教"青蛙卖泥塘"一课时，一位教师是这样教学生解词的：①老师让学生通过查字典理解"喝"的意思；②出示词语，辨析"喝"的读音，加深了学生对"喝"字的感知和理解；③老师适当引导学生学平时所听见的吆喝，这样既联系了生活实际理解了"吆喝"的意思，又增强了学习的趣味性，还充分调动了学生学习的积极性。

二、联系上下文理解词语

（一）联系上下文词句义，直接感知词语意思

　　当一些词语出现时，从前后文已能形象地概括出词语的意思，教师在引导学生理解这些词语时，就应该放手让学生边读边思考，从而理解词语。例如，我以前讲过的区级观摩课"触摸春天"中让学生理解"穿梭"一词的意思时，就引导学生联系下文"她走得很流畅，没有一点磕磕绊绊"来理解。联系上下文有利于学生更好地理解词语的内涵和作用，能够培养学生对文章的理解能力，使其形成良好的阅读习惯，对学生将来的兴趣、性格具有良好的导向作用。又如《翠鸟》一文中的"鲜艳"一词，下文有"头上的羽毛像橄榄色的头巾，绣满了翠绿色的花纹；背上的羽毛像浅绿色的外衣；腹部的羽毛像赤褐色的衬衫"。它本身已能够说明"鲜艳"了。教师在教学时，应先让学生读下面的语句，再提炼出"鲜艳"一词。学生只有在读中才能悟出词语意思，若教师多讲，则会适得其反，画蛇添足。

（二）联系上下文语句间关系，理解词语

语句间的关系错综复杂，对于一些比较抽象的虚词，教师若想通过口头释意，有板有眼，唯恐丢字漏字，挂一漏万，则会显得吃力不讨好。最实用的方法应是引导学生读懂前后句子，挖掘语句间的关系，从而理解词语。如《海滨小城》一文中"人们把街道打扫得干净，甚至连一片落叶都没有"一句中要理解"甚至"，先要弄清"打扫得十分干净"与"连一片落叶都没有"的关系是：后者表达的程度比前者高，非常突出，所以用"甚至"。联系上下文语句间关系理解词语，可先去掉需理解的词语，读懂句子，悟出关系，再说明用这个词语来表示上下句的层次关系。

（三）联系上下文语句所述故事情节的发展，理解词语

在这种方法中，被理解的词语大多是在记事的课文中，学生往往特别关心故事情节的发展。此时，学生对维持故事的完整性、延续性有强烈欲望，教师可抓住契机，利用故事发展情节来帮助学生理解词语。如《养花》一文中的"循环"一词，从字典中找解释显然行不通。由于"我"爱花，又有腿病，所以"我"想借养花来调节体力劳动和脑力劳动，于是，总是写一会儿就到院子里看

看……然后回……然后再……就是"循环";继续往下发展,遇到突变天气,全家抢救花草,第二天,天气好转太阳出来,再次形象地理解了词语"循环"。

三、借助情境理解词语

词属于第二信号,只有当它与第一信号——与它所代表的客观事物和现象联系起来时,这个词才有意义。进行词语教学就是要让学生在这两种信号系统之间建立起联系,特别对于低中年级,这种联系尤为必要。这就是借助情境理解词义。

有些词在实际使用时词义有了变化。对这些富有表现力的词语,教师在教学中应引导学生联系语言环境进行分析、推敲、揣摩,才能把握其语义的变化。如一位教师在执教"小稻秧脱险记"一课中的"收拾"一词时就是引导学生联系课文,从具体的语境中去理解,学生一读后面的"杂草有气无力"说的话和"纷纷倒了下去"的样子,便知道这里的"收拾"是除掉、消灭的意思。

四、演示法理解词语

(一)儿童是天生的演员

小学生特别喜欢模仿和表演,因此,借助有效的表演可以使学生获得亲身体验,通过形象的动作神态理解抽象的词语含义,这比简单的"说教"或借助工具书更深刻、更灵动。

例如,我执教校级公开课"风娃娃"中引导学生理解"断断续续"这个词的意思时,事先准备好两个水杯,其中一个水杯装有水,我演示倒水,让水一直流,然后我问学生:"这是断断续续吗?"学生回答:"不是"。接着我又让一个学生倒水演示,这位学生倒的时候倒一下停一下,这时我又问学生:"这是断断续续吗?"学生异口同声地说:"是"。就这样,我让学生理解了"断断续续"的意思。

（二）教师演示

教师演示包括教师的口头语言，以及动作、神态等肢体语言。教师利用实物、图书、版画（简笔画）、标本、实验、动作演示、观察等手段，使学生对词语的意思有所理解或加深理解。学生对具体事物特别感兴趣，如教学"姗""扛""扔"等词语，教师可准备一根带有玉米棒的杆，分别演示这些动作。这样，学生既有了学习兴趣，又能较好地理解词义。例如执教"拱形"时，教师可提前让学生观察桥洞，教师在讲解时可指出"拱形"就是像"桥洞"那样的形状，同时用简笔画板书作辅助。又如讲授"门"时，教师可以用竹片等弯成拱形让学生观察。再如对"一束"的教学，教师可出示一束鲜花，利用实物让学生生动形象地理解和记忆这个词语。例如，为了加深学生对"明亮"一词的理解记忆，教师可以让学生拉上窗帘，关掉灯，然后打开灯不拉开窗帘、打开灯拉开窗帘，让学生感受前后光线的变化，帮助他们加深理解"明亮"的含义。教师在教描写身体部位的四字词语时采用了"猜一猜"的游戏方式。教师用肢体语言的方式呈现出来，让学生猜相应的词语。这样既活跃了课堂气氛，又让学生深刻地理解了词语的意思。

（三）多媒体演示

使用现代化电教媒体将词语所表示的意思、意境直观地再现在学生眼前，可以起到变静态为动态、化抽象为形象的作用，便于学生准确、生动地理解词义。又如，我校张老师执教的"秋天的雨"一课，在理解"五彩缤纷"一词时，张老师教学设计如下。

1）多媒体演示秋天的美景"黄色的银杏树、红红的枫叶、金色的田野、美丽的菊花……"之后，请学生带着美好的感情默读第二自然段，画出表示颜色的词语。（学生画出黄色、红色、金黄色、橙红色、紫色、淡黄、雪白）

2）还有其他颜色吗？你从哪里看出来的？

3）秋雨中，大地上有这样数也数不清的颜色，文中是用哪个词来形容的？（五彩缤纷）

4）请你回忆生活中看到的"五彩缤纷"的现象，用它说一句话。

5）反复诵读、品味描写"五彩缤纷"的句子。

"五彩缤纷"是文中的关键词语。张老师紧紧抓住它，环环相扣，联系下文中其他描写颜色的词语，水到渠成地让学生理解了"五彩缤纷"的意思，同时，有效地激活了学生已有的经验世界，使他们在充分想象中将对词语的理解与生活相链接。教师引领学生在感性与理性之间架起了一座桥梁。录像的使用可以再现课文所描述的优美景观，它既释词又解句，使学生更好地将课文了然于心。教学实践证明，电教手段的使用是优化释词的重要途径。

总之，解词教学要注重教学方式，教师应以多种多样的方法来引导学生进行识记、理解。"授之以鱼，不如教之以渔"，教师在教学中不仅要使学生运用这些方法来理解字词及课文，更重要的是使他们掌握这些方法，并将其运用于今后的阅读学习中，这才能达到教学的最终目的。